信息时代背景下电子商务的组织与创新模式研究

刘宇　著

延边大学出版社

图书在版编目（CIP）数据

信息时代背景下电子商务的组织与创新模式研究 / 刘宇著. -- 延吉 : 延边大学出版社, 2020.12
ISBN 978-7-230-00557-9

Ⅰ. ①信… Ⅱ. ①刘… Ⅲ. ①电子商务－商业经营－研究 Ⅳ. ①F713.365.1

中国版本图书馆 CIP 数据核字(2020)第 254413 号

信息时代背景下电子商务的组织与创新模式研究

著　　者：刘　宇
责任编辑：金石梅
封面设计：延大兴业
出版发行：延边大学出版社
社　　址：吉林省延吉市公园路 977 号　　邮　　编：133002
网　　址：http://www.ydcbs.com　　E-mail：ydcbs@ydcbs.com
电　　话：0433-2732435　　传　　真：0433-2732434
制　　作：山东延大兴业文化传媒有限责任公司
印　　刷：延边延大兴业数码印务有限责任公司
开　　本：787×1092　1/16
印　　张：11.25
字　　数：200 千字
版　　次：2022 年 3 月 第 1 版
印　　次：2022 年 3 月 第 1 次印刷
书　　号：ISBN 978-7-230-00557-9

定价：56.00 元

作者简介

刘宇，重庆开县人，现居重庆渝中。重庆工商大学融智学院教师。2011 年 9 月考入重庆大学，2014 年 6 月获得硕士学位。工作以来主要担任计算机技术、数据分析、电子商务类教学工作。

前言

随着互联网技术的兴起，电子商务得到了长足发展，成为了新的经济增长点和实现经济转型升级的重要举措。本书结合我国电子商务的发展状况，列举了电子商务的理论研究、组织研究等，旨在通过相关研究推动电子商务健康有序地发展。

电子商务的发展需要先进的网络技术和营销理念，同时也需要电子商务人才，人才是电子商务发展的重要因素。销售、市场公关等领域对电子商务人才的需求较为旺盛，管理、文化等领域对电子商务人才也有一定的需求，各行各业对电子商务人才的需求量不断增加。对近年来蓬勃发展的电子商务行业来说，电子商务人才是其发展的一个重要因素。

目 录

第一章　电子商务的理论研究

第一节　电子商务概述

在这个信息爆炸的时代，人们利用高科技创造了无数令人惊叹的“信息产物”，电子商务就是其中之一。电子商务是在传统商务的基础上产生的，其之所以能够在竞争如此激烈的条件下生存下来，并为大部分人所接受，是因为其具有独特的优势。人们在看好电子商务的同时，也在担心电子商务的弊端会对未来社会的发展产生影响，这就要求我们要对其进行客观的分析。

一、电子商务的发展背景

20 世纪是一个信息、科技快速发展的时代，在这样的时代背景下，电子商务应运而生。电子商务是在传统商务的基础上发展而来的。

传统商务的历史可以追溯到原始社会。那时候，我们的祖先就知道了等价交换，如用三把石斧去换取一只家里正缺少的山羊等。后来人们开始用贝壳去换取需要的东西，这种交易方式逐渐演变出用纸币来购买商品的货币制度。这样的传统交易方式虽然方便、直接，但也存在着弊端。当买卖双方在进行一笔大数额的交易时，其隐私（如身份、地位、资金等）有可能被暴露。隐私暴露不仅侵犯了买卖双方的权益，而且有可能让买卖双方的生命、财产安全受到威胁。现代科技的发展在一定程度上助长了人们的惰性，很多人不再愿意为了一件小商品而长途跋涉。因此，人们的种种需求促进了电子商务的产生。

二、电子商务的内容

（一）现代社会对电子商务的定义

电子商务通常是指在全球各地广泛的商业贸易活动中，在互联网开放的环境下，基于浏览器、服务器等应用，买卖双方不谋面地进行各种商贸活动，实现消费者的网上购物、商户之间的网上交易和在线电子支付以及各种商务活动、交易活动、金融活动和相关的综合服务活动的一种新型的商业运营模式。

（二）电子商务的模式

电子商务的模式有企业与企业之间的电子商务（Business to Business，B2B）、企业与消费者之间的电子商务（Business to Consumer，B2C）、消费者与消费者之间的电子商务（Consumer to Consumer，C2C）等。B2B、B2C 与 C2C 也是我们接触最多的电子商务模式。

B2B 模式主要用于企业之间的商品交易活动，例如，阿里巴巴网站就为企业与企业之间的交易提供了很好的平台。B2B 模式能够很好地解决企业交易中交易金额大、买卖双方身份特殊等带来的问题。

B2C 模式的典型代表就是淘宝、京东等。它是商家通过网络这个平台直接向消费者提供商品，这种模式一方面可以为商家节约大笔费用，另一方面也可以使消费者足不出户就购买到需要的商品，方便快捷。

C2C 模式是指消费者与消费者之间的交易，笔者更倾向于两个“个体”间的交易这一说法。它没有形成像企业一样的系统化的运行模式和管理模式。消费者在闲鱼、淘宝等平台就可以享受到这种模式带来的服务，其过程需要消费者自己把握。

三、电子商务与传统商务

（一）两者的优势

对于电子商务与传统商务，不同的人有不同的看法。这两种商务模式之所以能够并存是因为它们都有自己的市场，都有自己的目标客户，它们以各自的优势吸引着客户。

1.传统商务的优势

传统商务要求人与人之间有互动。消费者在直接面对商家时可以对产品及时作出评价，并决定买还是不买，从而避免不必要的损失。

对于商家来说，顾客一个不经意的评价就可能会使一个敏感的商家发现商机，思考提炼并完善自己的产品，以满足顾客的需求，提高竞争力。

2.电子商务的优势

电子商务可以让消费者参与管理，消费者以即时通信软件、电子邮件等方式表达自己的意见和看法，当零售企业派专门人员将这些信息及时审阅处理并用以改进工作时，消费者就具有了管理者的身份。电子商务面对的客户在信息时代受到了高科技的影响，喜欢尝试新鲜事物。电子商务给当下所谓的“宅男”“宅女”提供了不少便利，很多东西他们足不出户就可以搞定。例如，消费者可以直接在网上购买衣服、鞋子、生活用品等，还可以在网上充话费、缴水电气费和点餐等，并且网上购物有时还能享受更多的优惠。

对于商家来说，电子商务使他们减少了一些开销（如员工工资、装修费用等）。很多想创业的人之所以热衷于开网店，是因为网店省去了很多中间环节，也省去了各级批发商的转手费，这样不仅大大降低了商品的成本，还增加了销量，使商家能够获得可观的利润。从消费者的角度来说，网店的出现也为其节省了一部分资金。对于一部分喜欢逛街的人来说，出门前逛一下网店可以帮助他们了解所要购买物品的市场价格；对于大部分不喜欢逛街的人来说，网店为他们提供了便利——不出门、不费体力便可以购物。电子商务没有时间和空间的限制，用户随时随地都可以通过互联网进行交易。

（二）两者的弱势

就像英语常说的“Every coin has two sides.”，无论什么东西，优点再多，也总会有缺点。

1.传统商务的弱势

商家所出售的产品往往不是他们自己生产的，一个产品从生产到出售要经过多个代理商、多次转手，因此产品的最终价格会是成本的几倍。消费者在面对一些价格偏高的商品时就会考虑它的性价比，进而来决定购买与否。当消费者面对自己喜欢的东西却购买不了时，不仅会对消费者造成“软”损失（即无法满足自己的愿望），也会对商家造成“硬”损失（商家的利益直接受损）。传统商务有地域、时间限制，不能及时给用户提供服务。

2.电子商务的弱势

第一，进行电子商务要求用户有一台能够联网的计算机或手机等，以作为发展电子商务的基本条件。第二，进行电子商务要求用户掌握计算机、手机等的基本操作技能。虽然这对于一部分年轻人来说是比较容易的，但有些人受经济条件、学习能力、年龄等制约无法掌握这些电子产品的基本操作。第三，电子商务存在安全性漏洞，黑客可能乘虚而入。用户在进行电子商务的时候需要进行隐私信息的交换，比如我们在办理网上银行的业务时，需要输入银行卡号、银行卡密码和身份证号等隐私信息，这些重要的信息就有可能被黑客盗取用来从事非法活动。所以在进行电子商务时，用户要有防范意识，在体验信息技术带来的便利的同时，也要注意自身的财产安全。

（三）两者相关的法律问题

1.传统商务的法律问题

传统商务的贸易合同都是通过当事人的亲笔签名或者盖章来确认的，因此得到了传统法律法规的认可。

2.电子商务带来的法律问题

电子商务产生之后，进行的都是无纸贸易，电子合同、电子签名屡见不鲜。从法律的角度来讲，也要相应地增加适用于网络商贸的法律条例。产品更新速度不断加快，每个企业都在致力于收集消费者的资料、了解消费者对本企业产品的要求。然而，如何保障在网上交易的企业和消费者双方的权益，已成为一道摆在现有法律面前的难题。例如，消费者订货付款后企业不送货上门，或企业送货上门后消费者否认曾经订过货等。诸如此类的情况该如何处理，现有的法律并无明文规定，也正因为如此，这些问题也越来越成为电子商务进一步发展的障碍。

在社会高速发展的今天，我们能体验各种高科技产品带来的便利，但是并不是所有的高科技产品都能一直让我们满意。电子商务亦是如此，它能为我们节约大量时间、金钱，但是我们的隐私也可能会在体验这种便利时被悄悄地泄露，因此一部分人会觉得传统商务更保险。不过，无论怎样，传统商务和电子商务之所以能并肩走这么久，正是因为它们互相弥补了对方的缺点，我们应相信它们可以走得更远，能为人们提供更多便利。

第二节 电子商务的发展及优化

当前我国电子商务发展迅速，这在很大程度上促进了我国经济的腾飞。从我国电子商务发展的现状出发，针对电子商务物流配送体系不完善、电子商务相关立法系统不健全、电子商务人才不足等问题，提出相应的解决方案，以促进我国电子商务企业进一步发展，已经成为我国电子商务领域亟待解决的问题。

许多企业都在电子商务方面完成了自身业态的整合，进而促进了我国电子商务的迅速发展。在技术方面，5G 时代的到来使得虚拟与现实的结合成为可能，我国的各大电子商务企业开始走出国门与国际电子商务企业在世界电子商务舞台上一较高下。信贷消费、网上购物等新兴消费方式在慢慢崛起。电子商务企业利用电子商务自身低成本、高效率的优势实行了商业模式的创新。电子商务已经成为我国经济发展的重要组成部分，对我国经济发展的方式及产业结构优化起着重要的作用。

一、我国电子商务发展的现状

（一）我国电子商务的规模不断扩大

我国电子商务的发展主要分三个阶段。第一阶段，随着电脑芯片的集成化，电脑开始走进千家万户，上网成为了人们的重要娱乐手段。该阶段网民数量增长迅速，我国也迎来了互联网时代，涌现出了以门户网站和搜索引擎为代表的电子商务企业，如新浪、百度等。第二阶段，3G、4G时代的到来，使得网络购物成为可能。该阶段，涌现出许多电子商务平台，如京东、淘宝等。网上购物推动了电子支付、网上金融等相关业务的诞生和发展。第三阶段主要是2014年至今，我国的电子商务迎来了新一轮的发展。2014年是电子商务企业的上市年，其中最具代表性的企业是阿里巴巴。随着我国电子商务规模的不断扩大，电子商务在我国经济体系中的地位越来越重要。

（二）我国电子商务发展水平不均衡

目前，我国的电子商务正处于平稳发展期，并逐渐呈现出多元化趋势。由于电子商务自身的特殊性，不同区域的电子商务发展水平很不均衡。从前100名电子商务企业的地区分布看，北京有40家，上海有20家，占前100名电子商务企业的60%，而剩下的企业也主要集中在浙江、广东、江苏等沿海发达地区，有些省份甚至没有上榜的电子商务企业，这体现了经济发达地区与经济欠发达地区电子商务发展水平的失衡。电子商务的发展还存在城市和农村的失衡。城市电子商务的发展程度较高，一些小摊小贩都可以通过微信、支付宝进行交易，而农村的支付方式主要还是现金。我国电子商务还呈现出电子商业模式创新的多样化特点，我国的电子商务模式主要是B2B、B2C模式，且近几年开始转向定制或者以消费者为核心的新型电子商务模式，如通过团购低价使消费者对厂家进行反向定制的拼多多、以送餐服务为主导的美团等。

二、我国电子商务发展存在的问题

（一）电子商务物流配送体系不完善

电子商务企业的物流对于电子商务企业的发展起到了至关重要的作用。关于物流，电子商务企业一般有两种选择。第一种是建立自己的物流系统，如京东等；第二种是依靠第三方或者第四方建立起的物流系统，如淘宝依靠的是顺丰等物流公司，而自身并不建立物流系统。这两种选择都存在一定的问题，自建物流成本过高，企业可能会被资金拖垮，而第三方或者第四方物流又存在监管困难等问题。

一个电子商务公司，想要长远发展，就一定要有一个健全的物流体系的全力支持。我国电子商务的物流配送体系虽然经过了几年的快速发展，取得了一定成效，但就总体而言，仍有很多不足之处。我国电子商务物流配送体系不完善主要体现在以下三个方面：

（1）电子商务企业对于物流不够重视。电子商务刚开始时，物流配送体系并不完善，导致电子商务包裹出现很多问题，消费者投诉较多。对于这些问题，电子商务公司不够重视，认为是物流公司的责任，这使得消费者售后维权找不到责任方，进而影响其消费体验，也会使电子商务公司品牌形象受损。

（2）我国物流配送地区之间发展不平衡。物流公司在物流点的选择上往往集中在一些城市，这就造成有些城市物流点过多，有些农村却缺少相应的物流点。物流配送地区之间发展的不平衡，在一定程度上会使物流公司配送成本变高、配送效率变低，这不仅使物流公司获得的利润减少，还会使消费者满意度下降。

（3）物流人工智能化发展程度落后。物流企业的设备陈旧，其管理方式也不能满足现代电子商务企业发展的要求。

（二）电子商务相关法律体系尚未建立

电子商务企业正处于快速发展时期，2018 年 8 月 31 日第十三届全国人民代表大会常务委员会第五次会议通过了《中华人民共和国电子商务法》（以下简称《电子商务法》），该法于 2019 年 1 月 1 日起正式施行。这对于电子商务而言意义重大。但在该法的实施过程中，我们发现了一些问题。

笔者通过对电子商务的研究发现，大多数的电子商务企业在运营时都会发生法律纠纷，而这种纠纷主要集中在三个方面。其一，不正当竞争及垄断。这方面的纠纷主要发生在一些独角兽公司与政府之间，如滴滴出行的行政处罚案。其二，主要在投、融资方面和电子商务相关的知识产权。其三，主要是电子商务的规范方面，如电子商务行业相关行政许可的认证。电子商务交易具有特殊性，在交易过程中会遇到各种各样的法律问题。这些问题往往是传统商业不会碰到的或者说碰到的概率是较小的，例如：消费者在电子商务平台上遇到侵权纠纷，对责任人的认定就是一个很大的问题，往往会出现模糊的状态。如消费者在平台上买的东西和网上照片不符，责任人有可能是物流、平台、卖家中的任何一方，这就使得消费者在维权举证方面较为困难，而这类问题在线下交易中是很难发生的。还有平台数据的使用和消费者隐私的保护，这些都需要政府设立监管机构来进行监管。现阶段电子商务主要依靠消费者保护机构和网站自身的维权渠道来解决相关问题，但这些渠道是远远不能满足当今电子商务发展的需要的。

电子商务立法还存在不够系统化、针对性不强等问题。地方政府部门应当以《电子商务法》为前提，针对当地的特殊情况出台有针对性的政策法规。当前，电子商务相关法律体系尚未健全，这就使得消费者的隐私得不到全面保护，个人私密信息有可能被泄露。有些不法组织从网络上盗取用户信息进行一些不法行为，使得电子商务交易不公平、不透明，存在虚假交易、网络诈骗等情况，这严重影响了商家和消费者对电子商务的信任程度，也制约了电子商务的发展。

（三）电子商务人才短缺

电子商务需要经济、管理、市场等方面的人才，也需要大量互联网技术（Internet Technology，IT）、人工智能等领域的人才。人才是企业创新的动力源，人才的短缺会使我国电子商务企业的发展缺乏创新的动力。

我国电子商务人才短缺主要体现在以下三个方面。

第一，我国电子商务人才储备缺乏高学历者。根据智联招聘的数据显示，从事电子商务的人员本科以下学历所占的比例为42%，本科学历占比为56%，硕士及以上学历仅占2%。通过这些数据不难发现，电子商务的从业人员大多为本科学历，怎样让高学历、高素质的人才加入到电子商务的团队中来，是电子商务企业当下需要解决的重点问题。

第二，我国电子商务从业人员队伍不稳定。据智联招聘对电子商务从业人员工作年限的调研显示，在电子商务企业工作的员工，工作年限一年以下的占21%，1～3年的占34%，3～5年的占19%，5～8年的占14%，8年以上的仅占12%。从中可以发现：电子商务工作人员的工作年限为1～3年的居多。人员的不稳定性导致电子商务企业不敢去培养新人，企业的人才储备面临着严峻的考验。

第三，在电子商务企业的人才培养方面，虽然现在很多高等院校都开设了电子商务专业课程，以传授给学生相关的电子商务知识，但这些知识大部分只停留在理论层面，尚难满足电子商务企业发展对技术人才的需求，导致市场缺乏技术方面和管理方面的顶尖人才。

三、促进我国电子商务发展的对策

目前，我国电子商务的发展已进入快车道，为了顺应这一变化，企业自身和政府都应该采用积极的方法去解决遇到的各种问题，以此提升用户对电子商务的满意度，促进电子商务的发展。

（一）建立健全电子商务物流配送体系

电子商务企业的发展因不同区域的经济发展水平的不同而有所差别，政府相关部门与电子商务企业应重视与电子商务发展相适应的物流配送体系的构建，以解决物流配送中产生的问题。

当前我国物流行业仍需发展，为了更好地服务消费者，提高配送速度，电子商务企业应重视物流行业，帮助物流企业加快物流行业基础建设。在政策层面上，政府应加强对物流市场的整体规划，推动整个物流市场的资源整合，并对物流系统进行有效干预，制定一些适合物流企业发展的政策法规。近几年，关于物流的立法工作取得了较大成效，国家发展和改革委员会在《营造良好市场环境推动交通物流融合发展实施方案》中指出要“构建交通物流融合发展新体系”。《交通运输部等十八个部门关于进一步鼓励开展多式联运工作的通知》的实施，对推动物流业降本增效和交通运输绿色低碳发展，以及完善现代综合交通运输体系具有积极意义。

除此之外，物流企业还应该完善物流配送体系，加强各种层面的物流规划，增大覆盖面，使其更加全面地服务用户。政府可通过适当引导与扶持一些有良好品牌效应和国际竞争力的物流企业，并推动物流相关法律法规的完善，为物流企业的壮大创造良好的环境。

（二）完善相关的法律法规

目前，我国关于电子商务的法律法规主要有《电子商务法》《中华人民共和国电子签名法》《中国互联网络域名管理办法》《非经营性互联网信息服务备案管理办法》等。

我国可以向其他相关法律法规比较系统全面的国家学习经验。比如，在制定隐私政策时，我国就可以参考欧盟（European Union，欧洲联盟）的相关政策。欧盟通过加强对用户协议的监管、对违法企业开出天价罚单等方式，在一定程度上保护了消费者的隐私权。欧盟规定数据的所有者为消费者，这样可以防止出现问题后卖家与平台互相推诿的情况发生。

（三）加强电子商务人才培养

企业应开展电子商务专业技能讲座、培训，提高管理者对电子商务的认识，从而改革企业管理运行机制，使企业的管理制度更符合电子商务的发展机制。采取人才激励措施，为企业增加动力，这样企业才能不断地蓬勃发展。对企业员工而言，企业应该努力提高他们的文化水平，建立人才培养的梯队，加大人才培养的力度，完善人才的储备机制。电子商务所需的人才并不只局限于某一学科，企业在招聘过程中应扩大招聘的专业范围，选择不同专业的优秀人才，优化员工结构，并通过扁平化的管理，激发、培养员工的创造力，打造独特的企业文化。

学校应提高对电子商务人才的重视程度。学校应改变教学方法，不单单限于改革枯燥无味的教学方式，还要改变单一的教学模式，通过学科交叉融合进行创新，完善课程体系，从理论向实践过渡，采用创新的方法提高教学质量。学校应加强与电子商务企业的合作，了解企业所需的专业人才类型，并以定向培养的方式为企业提供优秀人才。学校还可以利用校企合作的契机，让学生通过实习的方式了解电子商务企业的需求。同时学校还可以举办相关专业的人才培训活动，以培养电子商务企业所需人才。

当今时代，对中国电子商务的发展来说，既是机遇，也是挑战。随着我国各行业改革的深化，电子商务企业应当把握机会，促进自身的发展。总体而言，我们要正确对待电子商务企业在发展中所遇到的问题，通过改革和创新，发挥企业和政府在市场中的作用，建立一套完善的市场体系，推动我国电子商务不断地向前发展。

第三节　电子商务营销渠道的管理创新

从20世纪90年代起，互联网飞速发展，其发展标志着信息社会的到来，电子商务便是随互联网发展而兴起的一种现代商务模式。电子商务是人类经济、科技、文化发展的必然产物，它与传统营销不同，不受时空的限制，具有很强的自由性和交互性，极大地改变了传统营销的形式和理念。相对于传统营销，电子商务具有国际化、信息化和无纸化等特点，其已成为当今世界营销发展的趋势。电子商务给消费者带来了更大的满足，给处于产业链中的众多中小企业带来了更多商机。由于电子商务环境下的营销渠道越来越复杂，因此产生了新的营销渠道管理问题。本节对电子商务环境下的营销渠道的管理创新进行分析，并给出了电子商务营销渠道的管理方法，以更好地整合电子商务环境下营销渠道的优势。

一、电子商务对传统营销渠道的影响

（一）渠道关系的变化

传统营销渠道受限于商业信息的封闭性，供应链中的各主体纷纷争夺利益，导致企业和上下游之间的渠道关系极不稳定，互相不信任，进而导致渠道运行较为困难。电子商务环境下的营销渠道，增强了供应链中各主体对市场商业信息的收集、分析能力，整合了供应链资源，有利于形成稳定而又紧密的渠道关系。为了应对市场竞争压力，供应链中的各渠道主体转变原有的观念，开始利用电子商务手段，在彼此协作的基础上优化整合人力资源、信息资源，改造业务流程，进行供应链集成管理，以实现渠道关系多赢管理。

（二）电子商务打破了价值链环节

在传统营销商务活动中，商品只有通过中间渠道形成完整的价值链后才能到达顾客手中。传统营销商务活动是一个集成价值链，整条价值链共同分享商务活动的利润。但是在电子商务环境下，买卖双方的关系非常紧密，商务活动逐渐从有形转向无形，打破了传统的价值链环节，网络中间商取代了传统中间渠道，一些物流公司、行销公司等作为新型价值链的中间商逐渐兴起。

（三）渠道权利发生变化

在传统营销活动中，制造商和零售商通过渠道中间商获得市场商业信息。但是在电子商务环境下，渠道各主体权利发生了较大变化，制造商不断增强对渠道的控制，零售商也不断扩展渠道权利。零售商可以直接掌握营销活动的动态，获取市场商业信息的全面数据，同时也增强了零售商在电子商务环境下的新型渠道中的议价能力，这直接挤压了制造商的盈利空间。制造商在电子商务环境下，可以通过互联网直接接触顾客，以更强的渠道控制力获得市场信息，在电子商务直销模式下，制造商甚至可以完全控制营销渠道。

（四）新型中间商的出现

电子商务环境下的新型中间商包括实际中间商和网络中间商两类。其中，实际中间商是指基于电子商务环境，积极创新，不断转变原有的商业信息处理方式，以创新型组织和创新型管理重新整合再造业务流程，改变了制造商和顾客之间的沟通渠道，实现了交易成本和服务质量有机结合的传统中间商；网络中间商在互联网技术的支持下，不仅实现了传统中间商的功能集成，还拉近了制造商和顾客之间的距离，实现了市场商业信息的及时反馈，以良性循环的渠道运行提升了营销活动的效率，进而实现了专业化和规模化的营销效益。

二、渠道管理创新分析

（一）分销渠道管理观念创新

电子商务环境下的分销渠道管理观念的创新应与互联网系统相适应，彻底转变传统营销活动中各分销主体之间独立的管理观念，创新电子商务供应链的客户关系管理模式。基于这样的观念创新，制造商和新型中间商可以通过培训支持、联合促销和信息互通等形式共享商业市场，在战略合作伙伴关系的基础上，以高效运行的销售网络掌控市场。例如，制造商可以在股份制的基础上，以新型区域销售公司形式管理分销渠道；中间商可以作为制造商的价值延伸，成为独立核算的制造商二级管理经济实体，以全新的利益纽带实现供应链的价值扩展。制造商和中间商以此形式可以构建共同的价值观，防止恶性竞争，实现渠道合作。电子商务环境下的市场竞争越来越激烈，大量直销公司的进驻和多层次营销团队的运作，使市场需求发生了巨大变化。制造商和中间商只有以共同的市场价值观来缓解渠道冲突，才能通过沟通共识共享市场。

（二）分销渠道管理模式创新

在电子商务环境下，分销渠道管理模式创新主要表现在组织结构和管理机制方面。其中，组织结构创新是指从传统的“以产品为中心”的组织结构转变为“以顾客为中心”的组织结构。这种分销渠道组织结构的变革，使得销售部门以共同的销售端口直接接触顾客，形成了全新的顾客组织架构和分销模式。分销渠道管理机制的转变，表现为管理模式和管理方式的创新。在电子商务环境下，传统营销活动中合同式、所有权式和管理式等分销形式已转变为新型关系型分销形式。传统的“以总经销为主导”的管理模式已转变为“以终端市场为主导”的管理模式。在电子商务环境下，制造商不仅需要加强对经销商服务和终端市场服务的监控，还需要加强对渠道的纵深管理，进而使其更直接有效地面向顾客。

为了使中间商更高效地进行服务并加强其对分销渠道方法的掌握，可以采取培训等方式激励中间商进行高效管理。

三、电子商务环境下的营销渠道管理方法

（一）优化营销渠道结构

电子商务是一种基于信息技术发展的新型市场营销方式，其以全新的中介模式来实现市场营销的目的。与传统营销渠道相比，电子商务营销渠道是基于互联网基础设立的，但是其又不仅仅是中间商的角色。电子商务营销渠道是和现实营销渠道并行的，它可以在技术支持下营销产品，如信息产品、音乐产品、电子化产品和软件产品等。因此，可以说在电子商务环境下，市场营销渠道是多层次的，不同的产品对应不同的营销渠道，应结合产品和电子商务环境对营销渠道实施多层次管理。电子商务营销渠道与传统营销渠道相比，具有不可比拟的优势，如成本低、沟通高效等。如果传统营销渠道和电子商务环境能够有机结合，实现二者优势的互补，就可以有效控制渠道沟通成本，弥补传统营销渠道的不足，从而节约更多的营销时间，节省更多的营销精力，最终实现核心业务的提升。由此可以看出，电子商务环境下，有形资产在营销渠道中的竞争力逐渐减弱，但是对营销渠道的拓展、对顾客的反馈、对服务模式的创新和对企业应变能力等的要求越来越高。可以说，电子商务环境下，

互联网营销渠道和传统营销渠道是相互补充的关系，而非替代关系。传统营销渠道应利用电子商务模式，快速传递信息，加强与顾客的沟通，以较低的交易成本实现营销活动。所以，在电子商务环境下，我们可采用电子商务和传统渠道并行的多渠道营销模式使营销渠道结构得到整合优化。

（二）协调营销渠道关系

电子商务环境下的营销渠道关系越来越复杂，并与传统营销渠道产生了巨大的冲突，因而这就需要基于电子商务实施营销渠道关系的协调处理。营销渠道中的各主体如果只考虑私利甚至损害其他主体的利益，就很难实现营销渠道的有效运作。而营销渠道关系的有效协调是获取渠道成本优势和渠道关系效益的关键，因此，需要基于电子商务协调营销渠道关系，促使各渠道参与主体在共同目标的指导下，达成渠道目标、渠道政策、渠道分销等方面的共识，在承担各自责任的基础上，分担营销业务。

在电子商务环境下，营销渠道各主体之间可以通过共享知识平台的方式实现渠道关系协作，搭建多渠道、网络化的合作管理系统，降低营销渠道成本，提升营销渠道效率，实现渠道价值链增值。同时，在良好渠道关系协作机制下，将知识管理输入营销渠道共享平台，还可以促进渠道各主体之间的知识传播和共享，实现知识管理增值。在电子商务营销渠道中，知识管理不仅仅是商品销售的途径，更是营销信息的传递途径。在电子商务环境下，各渠道参与主体拥有不同的知识资源，既存在差异，又相互补充，进而形成了全新的异质互补知识共享平台，满足了营销渠道沟通的需要。各渠道参与主体及时反馈市场商业信息，有利于增强营销渠道透明度，搭建营销渠道信任机制，实现知识资源聚合效应，进而最大程度地发挥营销渠道优势，增强营销渠道市场竞争力。

（三）营销渠道内的整合策略

在当今的网络经济中，新型的流通模式在重塑市场流通结构，以及实现厂商运作和企业的购买网络化、分配网络化、服务网络化中有重要的推动作用。但是，由于行业的不同，传统模式向新型模式转换的速度是不同的。例如，书、电脑等转换较快的商品，可通过淘宝、亚马逊等平台或戴尔模式将其生产与销售进一步扩大，但是也有许多如冰淇淋、快餐等低值易耗品，转换相对比较麻烦，速度也较慢。所以，在判断产品是否适合新的经济分流渠道的时候，要将其在网络经济下的潜在市场渗透力作为主要参考指标。将电子商务和传统渠道结合形成多渠道营销，这样不仅能实现两者的优势互补，同时还能使市场营销渠道趋向多元化发展。在未来，商品多渠道经营的主流渠道模式将是由电子商务和传统渠道并行的多渠道管理模式。

营销渠道内整合是指在营销过程中，将各个销售任务分配到成本较低但能以高质量完成该任务的营销渠道。最优的销售通道就是为实现产品的销售目标，由各个营销渠道组合而来的。所以，分析出能在成本较低的情况下较好地完成销售任务的营销渠道是当前企业营销渠道内整合的重心和关键。对单一渠道完成销售任务的分析是营销渠道内整合前必须要进行的工作。比如，在面对面推销、间接营销、直邮销售、电话销售和网络营销的营销渠道中，运用任何一种营销渠道都能单独完成寻找潜在顾客、顾客确认、销售、售后服务和顾客管理这五项任务。但是如果将各个营销渠道和营销任务进行有序地组合，由相应的营销渠道来完成相应的销售任务，就可以达到“1＋1＞2”的效果，企业就可以取得最大的利润，顾客就可能得到最大的优惠。

（四）营销渠道间的整合策略

在营销渠道间的整合策略中，每个营销渠道在多渠道营销系统中都能独立承担营销任务，也能独立形成一个实现产品销售的销售通道，以提高市场的覆盖率和产品的销售量。各个营销渠道在营销渠道间整合的过程中是相互独立的。我们通常意义上所说的多渠道系统就是通过营销渠道间整合形成的。集中型渠道策略指的是企业利用多种营销渠道来形成一个细分市场。因为这些营销渠道有时候会有交叉的部分，所以它们之间避免不了相互竞争。比如，企业在价格和促销上大部分采用集中型渠道策略，制造商利用电子商务分销渠道时，对价格策略会特别重视，在在线销售产品和传统渠道销售产品相似度较高的时候，在线销售产品的价格往往不低于传统渠道销售产品的价格。在两类渠道间，应鼓励和推动重叠促销，这有利于电子商务渠道和传统渠道的合作。传统渠道在扩大网站知名度和宣传企业网上服务方面的作用也不小。一方面，传统分销商与消费者的接触机会多，对消费者的了解也更多，因而可以把握机会向适合的顾客进行宣传；另一方面，传统渠道对各渠道之间的合作与交流也能起推动作用，减少各渠道之间冲突的发生。

混合型渠道策略是选择型渠道和集中型渠道结合运用的策略。利用选择型渠道模式服务于企业主要产品的细分市场，利用集中型渠道策略服务于大规模市场，是典型的混合型渠道策略。比如，企业提供相互交叉的集中型渠道策略给小规模业务，与此同时，企业的直销队伍为特定的产品细分市场提供服务。企业在给大客户提供特殊服务的时候，市场覆盖率并不是主要目的，其主要目的是为特定的客户提供优质、个性化的服务。在混合型渠道策略中，渠道互补思想是其中的典型。使用这种策略的企业不在自己网站之外介绍产品信息，也不接受在线订单，或者只是在线接受订单，而转给分销的伙伴来完成。除此之外，企业在渠道间整合过程中，少不了与中间商进行良好沟通，良好的沟通能够有效地消除企业与中间商之间的误会和隔阂。

第四节　电子商务营销的常用方法

电子商务营销是网络营销的一种，是借助于互联网完成一系列营销环节，实现营销目标的过程。电子商务营销技巧的核心在于如何打动消费者，让消费者认识品牌、了解品牌、信任品牌，到最后依赖品牌。传统的营销方式（如电视、报纸、户外等广告营销）成本高、见效慢、效果难监控。随着网络的发展，互联网品牌推广以高性价比的优势，逐渐受到企业的青睐。常用的电子商务营销的方法有搜索引擎营销、即时通信营销、病毒性营销、许可式电子邮件营销、微博营销、社交网站（Social Networking Site，简称 SNS）营销、微信营销等。

一、搜索引擎营销

搜索引擎营销是指以搜索引擎为平台，利用用户检索信息的机会尽可能将营销信息传递给目标用户，从而展开的营销活动。这是最经典、最常用的一种网络营销方法。搜索引擎营销的主要方法有竞价排名、分类目录登录、搜索引擎登录、付费搜索引擎广告、关键词广告、搜索引擎优化（搜索引擎自然排名）、地址栏搜索、网站链接策略等。

二、即时通信营销

即时通信营销是企业通过即时通信工具推广产品和品牌的一种网络营销方式。即时通信营销的手段主要有两种：一是网络在线交流，中小企业在建立网店或者企业网站时一般会有在线即时通信服务，这样如果潜在的客户对产品或者服务感兴趣自然会主动和在线的商家联系；二是广告，中小企业可以通过即时通信工具，发布一些产品信息和促销信息。

三、病毒性营销

病毒性营销并非真的以传播病毒的方式开展营销，而是通过用户的口碑宣传，使信息像病毒一样传播和扩散，利用快速复制的方式传向数以千计、数以万计的受众。病毒性营销（也称病毒式营销）是一种常用的网络营销方法，常用于网站推广、品牌推广等。在互联网上，这种口碑传播更为方便，是一种高效的信息传播方式。由于这种传播是用户之间自发进行的，因此是一种几乎不需要费用的网络营销手段。

四、许可式电子邮件营销

许可式电子邮件营销是指在用户事先许可的前提下，通过电子邮件的方式向目标用户传递有价值的信息的一种网络营销手段。基于用户许可的电子邮件营销与传统的推广方式或未经许可的电子邮件营销相比具有明显的优势，如可以减少广告对用户的干扰、加强企业与用户的联系、提高用户的品牌忠诚度等。

五、微博营销

微博营销包括借助微博这一平台进行的品牌推广、活动策划、个人形象包装、产品宣传等一系列的营销活动。微博营销以微博作为营销平台，每一个用户（粉丝）都是潜在的营销对象。企业通过更新微博向用户传播企业信息、产品信息，树立良好的产品形象和企业形象。该营销方式注重价值的传递、内容的互动、系统的布局、准确的定位。微博的发展也使得其营销效果尤为显著。

六、SNS 营销

SNS 翻译成中文就是“社交网站”。但是，SNS 并不是所有社交网站的概括词，而是专指某一类社交网站。这类社交网站有人人网、开心网等，其最大的特点是实名制和现实关系网络的数字化。简单地说，SNS 是将用户与其朋友、亲人、同事等建立线上联系并提供实名沟通交流的网络平台。SNS 营销就是利用 SNS 网站的分享和共享功能，在六度空间理论的基础上实现的一种营销。在互联网高度发展的今天，人们通过网络不仅可以及时交换对品牌和产品的意见，相互推荐品牌和产品，而且可以便捷地向专业人士咨询。广告已经无法对消费者的选择起到决定性作用，消费者是否购买产品取决于他们从网络上获得的关于品牌和产品的口碑。而 SNS 就是这样一个传递口碑的平台，企业通过 SNS 开展营销，即通过作用于消费者的口碑开展营销，可以直接、有效地影响消费者的购买行为。

七、微信营销

微信营销是随着微信的流行而兴起的一种网络经济时代下的营销模式。微信不存在距离的限制，用户在注册微信后，可与其他微信用户形成联系。用户订阅自己所需的信息，商家则通过提供用户需要的信息，推广自己的产品，从而实现点对点的营销。微信营销主要体现在以安卓系统、苹果系统的手机或者平板电脑中的移动客户端进行的区域定位营销，商家通过微信公众平台，结合微信会员卡管理系统向目标用户展示商家微官网、微会员、微推送、微支付、微活动。微信营销已成为当今重要的营销方式，越来越多的企业开通了自己企业的微信公众号来进行企业品牌推广。

第二章　信息时代背景下电子商务的发展

第一节　“互联网＋”时代的电子商务

现阶段，我国经济发展已经进入了新常态，生产消费模式发生了巨大变化，不仅对经济社会资源的划分更加细致，而且各经济社会资源之间的联系也更加密切，电子商务开始涉及更多的经济活动，并成为国民经济中最有活力的一个经济领域。近年来，我国电子商务在各行业中的应用不断取得新突破，网络零售、跨境电子商务、在线生活服务、互联网金融等日新月异，“互联网＋传统业态”成为各行业发展的一个新“标签”，“大众创业、万众创新”蓬勃发展。电子商务已经成为了扩大消费的新亮点，成为了带动就业的新载体，也成为了促进经济转型升级的新引擎、推动经济增长的新动力。

一、“互联网＋”时代我国电子商务发展的新特点

（一）促进经济增长的作用凸显

电子商务的发展带动了经济增长，为经济发展提供了新途径。作为一种新的商业模式，电子商务不断创新与改进，刺激了更多用户消费，拉动了内需。电子商务为企业与客户提供了交流的平台，客户需求也为企业提供了发展方向。通过电子商务，消费者有了更多的选择。随着电子商务的发展，很多新企业诞生，增加了人们的就业机会，促进了经济的增长。电子商务使各个中小企业的信息与资源得到最大程度的优化，为国家经济提供了更多的源头活水。网购人数的不断增多，电子商务交易规模的不断扩大，促使电子商务企业越来越多，进而使电子商务的贸易额在经济中占据越来越大的比例，其促进经济增长的作用日益凸显。

（二）在农村得到有效推广

当前，电子商务为农产品和农村旅游产业提供了发展空间。结合各地农村的发展特点，积极运用电子商务，不仅能够促进农民创收，也为国家农村建设提供了有效助力。现如今很多企业深入农村，进一步开拓农村市场，这一做法既增强了企业的自身竞争力，又挖掘了电子商务在农村市场的潜力。

在国家相关部门的带领下，一些利于电子商务发展的政策也开始颁

布，这些举措使电子商务在农村市场得到了广泛推广。例如，在农产品方面，很多电子商务企业进行了农村市场开发，淘宝、京东等平台有大量的生鲜电子商务业务，这些电子商务的产品就源于农村。

（三）移动客户端网购量的突破性增长

从 2014 年我国移动客户端的网购数量取得飞跃式突破后，近些年消费者运用手机进行购物的规模越来越大，各大企业在看到移动客户端的优势后，进行了移动客户端电子商务活动的推广，如唯品会的特卖模式与手机的有效联合。2016 年春节期间，在支付宝、微信、微博等平台抢红包的用户达到 6 亿多人。从这些数据可以明显看出，电子商务在移动领域的拓展速度快、优势明显。在未来，移动客户端的购物将成为消费市场发展的趋势。

二、“互联网＋”时代我国电子商务发展中存在的问题

（一）相关法律法规还不健全

为了适应“互联网＋”时代我国电子商务的发展，我国近些年相继颁布了一些规范网络的法律法规，但是我国互联网仍处于发展阶段，相关法律法规还不健全。电子商务并非实体市场，其交易过程具有隐蔽性，这导致有些商业行为即使不符合规则，也没有相关法律法规的规范。例

如，有些网店为了提升店铺的销售额，强迫顾客删差评，虽然手段不合理，但并没有相关法律法规明确说明这属于违法操作。

（二）支撑保障体系不完善

目前来说，我国网络安全方面的建设尚不完善，网络管理、网络速度等和发达国家也存在不小的差距。我国支持电子商务发展的物流很多时候也不尽如人意。

（三）社会信用体系有待进一步完善

在我国市场经济快速发展的今天，电子商务仍旧没有发展到一个稳定的、良好的阶段，也没有一个完善的社会信用体系作支撑，这就需要政府出手干预，建立完善的监督体系。电子商务的社会信用体系目前还在建立中，需要一个优质的第三方来客观地管理整个信息资源。

（四）跨境电子商务的瓶颈有待突破

我国目前的互联网政策无法满足跨境的“互联网＋”合作，因此，我国应颁布符合我国国情和国际情况的政策和法律。跨境电子商务本身覆盖的区域广，交易的货物如果有问题，需要退货或是换货，就会有一定的困难，再加上需要进行国际货物流通，其所面临的困难就更多了。要想突破跨境电子商务的瓶颈，国家应建立完善的国际交易规则，加强对交易市场的管理，以实现网络市场的正常操作。

三、“互联网＋”时代我国电子商务的发展策略

（一）完善电子商务政策法规和标准体系

我国应颁布相关政策法规推动电子商务的发展，为“互联网＋”时代我国电子商务的发展创造良好的市场环境，并建立相应的市场规则。我国政府应充分调动与“互联网＋”相关的专家、顶尖企业等，制定出合理的商务标准，建立起完善的管理体系，并推进标准的顺利实施，促进电子商务的良性发展。

（二）推进电子商务在重点领域的应用

推动电子商务进农村，挖掘农村网络消费潜力。推动电子商务进农村，可以先选取几个具有代表性的县和村，建立起电子商务的示范试点，找到试点中存在的问题，然后吸取经验、总结优点，制定出较好的问题解决方案，最后开始推广。在网络店铺出售农产品，不仅推动了农村的经济发展，也可以有效促进电子商务在农村市场的发展。

鼓励电子商务进社区，拓展服务性网络消费范围。城市社区也是电子商务服务拓展的方向之一，针对这一方面可以建立起以社区居民生活为核心的电子商务链条，促进居民生活消费向电子商务发展。电子商务进社区，提高了社区生活服务的水平，能推动居民生活向更好的方向发展。

支持电子商务进中小城市，提升网络消费的便利性。“互联网＋”时代的电子商务应该根据中小城市的实际情况、区域发展的特点，建立起完善的、有特色的、符合实际的电子商务发展体系。

促进跨境电子商务，推动企业拓展海外市场。深入了解国际电子商务所需遵循的原则和规范，并结合我国电子商务的发展状况和发展原则建立、完善相关政策和法规，推动我国“互联网＋”时代电子商务的发展。在此基础上，国家要积极鼓励一些主打电子商务的企业“引进来，走出去”，在努力建立完善的境外电子商务服务体系之前可以先行建立交易、支付、物流、关税、汇兑等相关示范试点。只有这样，才能及时发现问题，并通过不断地实验和创新解决问题，在此基础上逐渐建立完整的、完善的、符合国际交易规则的、符合“互联网＋”发展原则的生产管理制度和规范。

推进电子商务在各个领域和区域的示范试点，为完善电子商务发展的生态链条打下良好的基础。只有总结经验并与其他地区共享实验成果，才能促进各地区电子商务的共同发展。

（三）完善电子商务支撑服务体系

提升流通基础设施的网络服务能力，优化各种辅助电子商务进行发展的基础设施。

推进电子商务与物流快递协同发展。对电子商务来说，物流是非常重要的一部分。因此，积极推进物流业的发展，有助于电子商务度过其发展中的一个个瓶颈期。

加强电子商务信用体系建设。在电子商务快速发展的同时，也不能忽略第三方信用体系的重要性，要加强电子商务信用体系建设。

加强电子商务人才培养。为了满足我国“互联网＋”事业建设的需求，高校和企业应加强电子商务人才的培养。

规范网络交易市场秩序。切实保障人民群众在“互联网＋”时代电子商务中的利益和安全，建立完善的市场交易规范。

电子商务是现代经济发展的产物，企业应该充分借助网络信息技术的优势，发展自身的经贸活动，以顺应当前市场经济发展的整体趋势。同时，企业要客观看待“互联网＋”时代我国电子商务中存在的问题，并有针对性地制定和完善发展计划与对策，进而促进我国经济的可持续发展。

第二节　电子商务数据库的发展

电子商务的出现和发展对人们的购物行为产生了重要的影响，尤其是对各类购物网站的兴起和发展有着深刻影响。网购使人们的消费行为不受时间、地点的限制，极大地促进了购物的便利性，方便了人们的生活。电子商务数据库的建立方便了电子商务的管理，提高了电子商务管理的有效性，促进了电子商务的发展。

一、电子商务数据库概况

（一）电子商务与网络

在现代社会，网络正在迅速成为世界上最大的、交互式的、多媒体的市场交易结构体系。网络为消费者提供了新的购物渠道，消费者不再需要到特定的购买场地实施购买行为。网络是电子商务发展的重要基础和重要媒介，是实现电子商务购物功能的重要通道。用户可以通过网络实现浏览商品、对比商品和实施购买的消费过程，在这整个过程中，网络起着重要的链接作用。因此，网络在电子商务中起着重要作用，是电子商务赖以生存和发展的基础，它保证了消费者购买行为中各个环节的完成。

混合加密技术的使用能够有效提高电子商务数据库信息的安全性，能够最大程度地保护用户的信息安全。混合加密技术通过提高解密难度，增加了不法分子窃取用户信息的难度，从而实现对用户信息的保护。

用户利用浏览器作为输入界面，输入所需的数据，浏览器将这些数据返回给网站，网站再对这些数据进行一些处理，就形成了电子商务数据。用户信息能够为电子商务的改进和完善提供意见，使其更加符合用户的需求，实现用户的个性化定制。数据库的建立能够对用户信息进行保存，这不仅方便了用户信息的查询，还方便了相关人员对电子商务进行管理，进而节省工作时间，提高工作效率。

（二）数据库软件介绍

数据库软件主要有 Microsoft Office Access（以下简称 Access）和 Microsoft Office Structured Query Language Server（以下简称 SQL Server）等。Access 是微软家族中关系型的桌面数据库系统，它结合了 Microsoft Jet Database Engine 和图形用户界面的特点，是微软办公软件的系统程序之一。Access 软件的优点在于其具有较高的灵活性，操作比较简便，运行速度比较快，节省工作时间；Access 软件的缺点在于其安全性较低，容易引发安全隐患。SQL Server 是一个全面的数据库平台，其使用集成的商业智能工具提供了企业级的数据管理。SQL Server 数据库的优点在于其具有较高的安全性，并且能够对数据信息建立副本，能够在主信息丢失的情况下保证其他信息的完整性。

二、电子商务数据库发展概况

（一）数据库的建立

在电子商务系统发展过程中，比较重要的就是网络安全。电子商务系统是一个建立在较为开放的网络环境下的交易平台，其交易过程大致分为用户注册、用户登录、选购商品、网上支付四个阶段。用户在进行账号注册和购买商品的过程中，个人信息往往会被暴露在网络平台，虽然电子商务安全维护系统在不断升级，但不法分子盗取用户信息的技术手段也越来越高明。在网购中，用户个人信息往往比较真实、全面，一旦遭到窃取将对用户安全尤其是对用户的财产安全造成严重的威胁。

非法盗取用户信息主要发生在用户输入完整信息并提交服务器的过程中，尤其是在密码丢失后，通过密保问题找回信息的过程。此环节是安全性最差的环节，用户信息最容易被窃取。

（二）电子商务数据库发展中混合加密技术的运用

电子商务数据库存储着用户的重要信息，一旦出现用户信息泄露或者被盗取的情况，将对用户的财产安全等造成威胁，也会对电子商务公司的信誉产生消极影响，因此保证数据库的安全是电子商务公司极为重视的环节。数据库管理应采取适宜的加密技术。混合加密技术就是对称加密技术和不对称加密技术的结合，既克服了对称加密传输密钥的困难，又克服了非对称加密不适用于大数据量的缺点，把二者的优势充分结合了起来。

就目前的情况来看，数据库的应用已经进入了电子商务领域。在未来的电子商务运营过程中，数据库的应用将会越来越全面、深入，如可将其应用于产品信息发布、生产、仓储、销售、物流等各个环节。

电子商务的发展是现代社会发展的必然趋势，在人们的日常生活中占据着越来越重要的地位。数据库在电子商务管理中是必不可少的，数据库的使用能够提高电子商务管理的有效性和效率，实现用户信息收集和反馈，提升用户体验。在电子商务数据库的发展中，比较重要的就是安全问题，混合加密技术的使用能够有效提高电子商务数据库的安全性，促使其进一步发展。

第三节 电子商务会计信息系统

电子商务为企业的发展创造了新的契机，能否有效实现电子商务与企业会计信息系统的结合将直接关系到企业的综合竞争力能否增强。在电子商务快速发展的今天，会计信息系统的建立和应用并不是一蹴而就的，需要多方共同努力。

电子商务是一种现代化的商务模式，其借助信息技术手段实现了网络化交易，通过现代化计算机设备完成信息载体的储存、传递、发布、统计等环节，正在逐步取代以纸质为信息载体的传统交易模式。与传统交易模式相比，电子商务不仅实现了交易环节的无纸化，而且支付手段更加方便快捷，可以轻松实现跨国交易。鉴于电子商务的以上特点，且在电子商务快速发展的时代背景下，传统会计信息系统正在面临着巨大的挑战，因此只有了解会计信息系统在电子商务影响下所表现出来的新特点，才能构建出更加完善的现代化会计信息系统。

一、会计信息系统的构建目标

进入 21 世纪，计算机信息技术发展迅速，与计算机有关的现代化信息技术被广泛应用于各个行业。随着资本市场的全球化扩张，大量的投资者和债权人成为会计信息的使用者，其对会计信息的依赖度也不断增强。如今电子商务迅速发展，受宏观经济和微观经济的影响，会计信息的首要目标从“责任划分”逐渐转向“价值参考”，会计信息系统的各方面性能都有待提升，而这些也将成为会计信息系统的构建目标。传统的会计信息系统不能及时提供有效的信息，也无法满足使用者的需求。传统会计信息系统即使使用了现代化的会计办公软件，也只是传统会计工作的辅助工具，它所遵循的仍然是传统的会计规则，并不能算是真正意义上的现代化会计信息系统。因此，在电子商务快速发展的今天，我们要致力于构建一个基于互联网，具有多元化信息呈报、联机实时操作、人机交互等功能的现代化会计信息系统。会计信息系统的构建目标主要包括以下两点：（1）缩短会计信息呈报的时间间隔，实现会计信息的联机呈报和动态呈报，保证会计信息的及时性。（2）会计信息的呈报内容不能仅限于财务信息，要将呈报范围扩展到财务信息以外的领域，要关注前瞻性会计信息。

二、会计信息系统的框架结构

了解了会计信息系统的构建目标，下一步就是要参照这一目标设计其框架结构，使其能够充分满足使用者的会计信息处理需求。

（一）数据采集系统

无论是传统的会计信息系统还是电子商务背景下的现代化会计信息系统，都要具有采集会计数据、编制记账凭证、呈报会计信息报告的功能。电算化会计信息系统能够自动完成会计信息呈报任务，因此，会计信息系统只需要在采集会计数据和编制记账凭证两个方面加以完善。在采集数据方面，会计信息系统应符合电子商务时代的会计信息需求，创建高度分散化的数据采集系统，将数据采集功能分散到各个业务流程中去。这样一来，企业内部与财务有关的所有部门便都会成为会计数据的采集部门。只有这样，才能构建出一个集数据采集、加工、输出为一体的自动化系统。

（二）会计处理系统

在网络的影响下，会计信息系统具有网络系统的一般特点，是一个依照计算机网络系统建立起来的方法系统。企业的会计业务复杂、多变，要想会计信息系统能直接获得基本的会计信息并完成各项操作，就要使方法系统的概念结构更加易于理解，也就是说，会计处理系统的账户体系要具有扩展性、灵活性，具体表现在以下几个方面：

（1）使用专用的记账符号表示会计要素相关项目的变化，使其更加适应网络化处理的特点。

（2）直观反映现时价值。

（3）损益计算模式可以动态反映净资产变化和损益。

（4）计税方式符合网络化处理特点。

（5）风险监控模式可以全面反映和揭示所有风险。会计处理系统的上述特点，能使会计信息系统更加适应电子商务快速发展的要求。

（三）信息交流系统

在电子商务快速发展的今天，会计信息系统需要采用全新的信息输出和交流技术。用户导向式的信息披露方式必将会使会计信息交流系统从形式完善的层面上升到内容完善的层面。

1.信息披露的基本特征

在电子商务快速发展的今天，会计信息系统的信息披露特征主要表现为以下两点：

（1）联机报告。会计信息报告可借助网络的技术优势实现联机报告，而且这种联机报告是内外双向的，对内可以实现动态控制及实时管理，对外可以进行业务活动交流及外部用户信息披露。

（2）集成信息构成。电子商务时代下的会计信息系统提供信息的主要方式是信息集成，其是决定会计信息价值的关键因素。信息集成能根据不同的目的、时间、用户等实现多种信息的集合，并在信息报告、信息公布、信息查询、信息交互等诸多方面实现信息集成。一个优质的信息集成平台犹如一个完善的购物环境，能够满足不同用户的不同需求。

2.信息披露的内容和形式

会计信息系统的信息披露内容根据不同的划分标准可分为以下几类：按时间划分，信息披露的内容包括现时信息和历史信息；按空间划分，信息披露的内容包括多制式信息等等；按信息相关性划分，信息披露的内容包括多层次信息等等；按内涵划分，信息披露的内容为能够反映会计要素的信息，包括与风险、运作能力、盈利能力等相关的信息。

会计信息系统的信息披露形式主要有五种：一是集成形式，即原始信息、预测数据、特殊数据等的信息集成；二是以网上查询、电话查询等多种查询方式为主的信息查询平台；三是定期报告平台，其定期生成的报表需要以固定的形式向外部展示；四是在特定的时间设置网络热线；五是以留言板为代表的更加灵活的交流方式。

在电子商务迅速发展的今天，只有加强社会各界的密切合作，积极借鉴国内外先进的技术经验和理念，才能建立起更加符合电子商务特征的会计信息系统，使企业会计水平更上一层楼。

第四节 电子商务中的隐私权探讨

随着互联网技术的迅猛发展，商务模式发生了革新性变化，电子商务逐渐取代了一部分传统商务，人们通过互联网平台能够实现数据信息的检索、收集、传输与共享，并以此为电子商务的顺利开展奠定了基础。电子商务在为我国商贸行业带来全新机遇的同时也带来了很多问题，如何保护公民的网络隐私权是困扰电子商务发展的一大难题，如何处理好电子商务中的隐私权问题，成为了当今社会的热点话题。

一、电子商务中的隐私权

（一）网络隐私权

网络隐私权指的是社会公民在使用网络的时候涉及的个人信息、生活信息受到法律保护，未经本人允许不能被他人复制、获取及使用。与此同时，社会公民也不能在网络平台随意泄露他人敏感信息，以及散布有损社会安定、国家团结的恶意言论等。依据相关法律规定，网络隐私权能够对公民的基本信息、敏感信息、社会信息进行保护，公民对上述信息具有完全的知情权。

（二）电子商务环境下侵犯隐私权的形式

电子商务环境下侵犯隐私权的形式有以下几种：

（1）电子商家通过表格填写、线上咨询、追踪技术等形式收集消费者的各种基本信息，未经本人允许另作他用。

（2）电子商家将收集到的消费者信息录入特定系统，通过大数据分析提取具有商业价值的信息并用于商务推销，由此导致大量垃圾邮件被强行传输到消费者的邮箱。

（3）有些公司出于某些商业目的会与其他公司交换消费者的个人信息，或者是将大量消费者的个人信息以打包的形式非法出售，以达到“资源共享”的目的。

（4）不法分子通过垃圾邮件、网络黑客技术等对上传到网络平台上的个人信息进行盗用。

二、电子商务中的隐私权保护存在的问题

我国网民数量呈现逐年增加的趋势，人们在借助网络平台获取更多数据的同时也泄露了大量的个人信息，垃圾邮件给人们的生活带来很多困扰，频发的隐私曝光事件严重影响了社会的安定团结。我国电子商务中对隐私权的保护还存在以下问题。

（一）业内自律监管机制不健全

为了加强网络信息保护力度，各国政府都制定了相应的隐私保护政策和计划，我国政府依据我国实际情况也制定了相应的政策和计划。但是电子商务业内自律监管机制仍不健全，并由此导致在电子商务交易的过程中存在很多侵犯消费者隐私权的行为，例如：有些企业为了谋取更多利益，收集大量消费者的个人信息用于商业开发及商品推销；不良网站通过特定技术手段将使用者未公开的信息窃取出来，从中提炼出具有商业价值的数据并进行兜售；部分网络公司通过线上平台转卖、交换消费者隐私信息；有些网站甚至预设了霸王条款，试图以此强制使用消费者的个人信息并免除其自身侵犯消费者隐私权的责任。

（二）隐私权保护的法律基础薄弱

隐私权保护的法律法规不完善，使得隐私权保护工作不够科学合理，无法获得最佳效果。我国隐私权保护的法律较为分散，导致人们一旦遇到电子商务隐私权被侵犯事情，常常无据可依、无章可循。基于电子商务的隐私权保护工作也没有系统、明确的法律法规来规范，只是在某些管理办法中公布了相应规定，因而不具有足够的法律效力。隐私权保护的法律基础薄弱使得在电子商务交易过程中不法分子侵犯消费者隐私权的行为频频发生，给人们的生活带来了很大困扰。

（三）隐私权保护手段相对匮乏

我国关于隐私权保护的调控手段相对而言比较单一和匮乏，主要采取的是间接保护的方式，往往无法取得较好的效果。在电子商务交易过程中发生了侵犯消费者隐私权的事情，被侵权人在寻求法律保护的时候往往存在诸多困难，如职责混乱等。这些问题虽然在传统商务贸易中也有发生，但是在电子商务环境中更为突出。

三、制定电子商务中的隐私权保护策略

（一）明确隐私权的法律地位

要想加大电子商务中消费者隐私权的保护力度，就需要明确隐私权在法律中的重要地位。目前存在的通过名誉权、肖像权维护隐私权的方式并不利于公民隐私权的保护。鉴于此，我国政府需明确隐私权的独立法律地位，为电子商务隐私权保护工作奠定坚实基础；将隐私权管理范围、侵犯方式、职责权益进行明确规定，为隐私权保护工作的顺利进行提供可靠的法律支持。

（二）制定专门的个人信息数据保护法律

就当前的法律环境和技术条件而言，电子商务中的隐私权保护是一项艰巨的任务，其不仅需要相关法律法规的大力支持，还需要加强对个人信息的数据保护与管理，具体表现在依据网络隐私权的特点明确个人

信息数据保护职责和范围、规定侵犯责任义务、制定补救缓解措施等。围绕网络服务特点制定的个人信息数据保护法律，应明确规定服务商需要履行的职责、义务。如服务商应依据法律制度收集个人信息，经本人同意才能使用相应信息；为社会公民提供网络服务时有责任告知其享有的权利、承担的义务，以及可能遇到的风险；在征得消费者本人同意收集、使用其个人信息时，也需要尽量避免过度收集个人信息，同时服务商也有义务对收集到的消费者的个人信息进行全面的保护与管理，以避免出现隐私信息被泄露、被窃取、被篡改等问题。

（三）完善电子商务的隐私权保护法律制度体系

我国关于网络隐私权的保护虽然有一些行政规章，但是都不够系统、科学，因而无法对个人信息的收集、使用、储存等进行有效管控，同时也不适用于电子商务环境。电子商务中的侵犯隐私权案件需要电子取证，因此需要特定的规章制度明确其法律效力，以便能够用其出庭作证。鉴于此，我国政府需要依据网络侵犯隐私权案件完善隐私诉讼法、采取相关保护措施，确保电子商务的合法性、科学性。

（四）提高电子商务行业的自律性

提高电子商务行业自律性也是加强电子商务隐私权保护的有效策略。网络服务提供商需要依据法律规定加强自我管理，并结合行业特点制定消费者个人信息使用及保护管理政策，让消费者在使用网络平台的时候不再担心隐私泄露问题。网络服务提供商应明确其在电子商务隐私权保护中的责任，例如：在用户使用线上平台的时候明确告知其隐私权限及风险规避方式；采取相关技术保护手段保障录入数据的安全、隐蔽；避免为了高额收益而在未经用户允许的情况下随意使用其上传的个人信息；对于用户提供的信息进行公开使用的时候需要秉承谨慎、认真的态度等。

第三章　信息时代背景下电子商务的理论与创新研究

第一节　信息时代背景下的电子商务安全

随着信息时代的到来，电子商务得到了快速发展，并逐渐与人们的生活产生了密切的联系，但与此同时，电子商务的安全问题也随之暴露了出来。本节对信息时代背景下的电子商务安全问题进行了分析探讨，并提出了一些可行的措施。

电子商务作为涉及领域较广的行业，包含企业、个人、银行等多方的信息，而这些信息一旦被泄露，造成的损失是不可估量的。因此，保障电子商务的信息安全有着非常重要的意义。

一、信息时代电子商务的安全问题

（一）电子商务信息存储的安全性较差

电子商务的信息存储方式一般以静态存储为主，即在程序运行期间，为需要存储的信息分配固定的存储空间进行存储。静态存储具有非授权用户可以修改与查看信息两种特性，这对于电子商务来说是相当大的威胁。再加上目前我国电子信息技术发展较为缓慢，信息安全的技术水平较低且保护措施不足，静态存储被黑客恶意攻击时，企业往往难以采取有效的应对措施，因此该存储方式安全性较差。很多企业在通过互联网进行生产经营时，很容易将用户信息泄露出去，甚至给用户带来经济损失。

（二）电子商务的信息传输安全性较差

除信息存储外，电子商务在信息传输方面的安全同样存在着很大的隐患。首先，电子商务信息在进行动态传输时，所使用的信息传输工具大多缺乏有效的安全保护措施或其本身就存在较大的安全漏洞，因而信息在传输过程中很容易被黑客截取或篡改。其次，网络交易的形式具有很大的不确定性，一旦交易双方有一方否认交易行为，就很难进行调查取证。最后，电脑、手机等作为信息传输的载体，一旦其硬件损坏，用户信息很有可能会丢失。

（三）电子商务的信息管理不规范

电子商务的信息管理问题主要有两点：第一，电子商务信息管理模式不够完善。随着互联网的飞速发展，电子商务迅速得到了普及，给人们带来了巨大的便利，但相关的信息管理体系并没有建立起来。我国目前不仅没有负责电子商务信息管理的专业部门，甚至连线上交易的操作模式的规定也很不明确，这给电子商务信息安全带来了巨大的隐患。第二，我国电子商务信息安全的相关法律尚未形成体系，在很多领域与细节上都存在着规定不清甚至法律空白的情况，进而造成了电子商务信息管理无法可依的尴尬局面，这同样影响着电子商务的安全。

（四）电子商务存在大量虚假信息

目前我国的电子商务交易主要集中在淘宝、京东等电子商务交易平台，消费者通过互联网进行选择、购买、付款之后，物流将商品送到消费者手中。这种商品交易方式虽然为消费者与卖家提供了极大的便利，但是由于网络交易无法接触实物，消费者只能通过简单的照片与评价进行挑选，再加上电子商务交易平台对卖家的管理与信息筛选不够严格，便给了很多不法分子可乘之机。很多卖家在平台上发布虚假信息骗取钱财，而消费者却无法辨别，很容易上当受骗，造成经济损失。

二、信息时代保护电子商务安全的具体措施

（一）完善电子商务相关法律

电子商务安全性的提升需要政府与电子商务平台共同努力。一方面，政府相关部门需制定网络安全法律，对电子商务的交易行为、操作模式等各项流程进行明确的规定，进一步健全相关法律法规体系。同时还要建立专门的电子商务管理部门，严格依照法律规定对电子商务进行监管，

严厉打击不法商家与违法行为。另一方面，电子商务平台要对商家信息进行核实，建立信息审核责任承诺机制，从根本上解决虚假信息问题。

（二）开发并应用信息安全技术

网络信息的传输与存储虽然有一定的安全隐患，但是只要企业掌握了先进的信息安全技术，并加大对信息安全基础设施的建设力度，就能够将信息安全的风险降到最低。目前较为常见的信息安全技术有防火墙技术、数据加密技术、身份识别技术、防病毒技术等，这些安全技术能够非常有效地降低企业信息安全风险。企业需要积极引入相关技术人才，结合配套设备建立全方位的信息安全保护机制。同时，企业也要注重对电脑的芯片、中央处理器等硬件或软件的维护，避免信息丢失或泄露。

（三）提高用户的信息安全意识

网络信息技术有着较强的专业性与复杂性，但单就电子商务中用户所涉及的信息存储、传输及交易行为来看，并没有太多的技术性可言，因此用户只需提高安全意识，主动规范相关交易行为，就能够避免出现很多信息安全问题。以网站个人账号信息为例，一些大型网站的安全措施比较完善，黑客无法直接盗取用户信息，因此他们往往会采取假冒工作人员的方式获取用户验证码，用以篡改用户密码，获取用户个人信息。如果用户对这些行为有了一定的防范意识，就会使不法分子没有可乘之机，用户的信息安全自然也就得到了保障。

总的来说，信息时代背景下的电子商务虽然存在着较大的安全隐患，但只是行业与社会发展所带来的阵痛，我们只要针对信息安全问题进行分析，找到正确的解决策略，就一定能够为电子信息安全提供有力保障。

第二节 电子商务的信息管理与信息系统

随着社会的发展和进步，人类进入了电子商务时代。电子商务既改变了传统商务模式，又提升了信息管理水平，对我国的经济发展发挥着不可替代的积极作用。

在电子商务中，传统信息管理系统难以满足现状需要，所以有关人员有必要对信息管理系统加以改进和完善。为适应电子商务发展的需求，将计算机、网络技术充分融入信息管理系统中，建立与时俱进的信息管理与信息系统尤为重要。

一、我国信息体系的发展现状

在电子商务背景下，我国信息体系得到了进一步完善，其以信息技术为重要依托，带动国家经济发展和社会进步。但是，我国的信息体系发展现状仍然堪忧，难以充分发挥其优势。

（一）信息人才培养现状

人才是信息资源得以开发和利用的基础。高校是培养信息人才的主阵地，其专业发展现状与人才培养联系密切。20 世纪 80 年代以来，各高校逐渐设立类型多样的信息专业，对提升学生的专业素质具有积极作用。尽管如此，受多种因素的影响，我国信息型人才还是较为匮乏。在电子商务时代背景下，教育等相关部门有必要合理优化高校信息专业人才培养计划，以培养适应社会发展需要的信息型人才，这样才能不断完善信息管理与信息系统，推动电子商务更好、更快地发展。

（二）信息体系应用现状

电子商务是建立在信息技术基础上的，其有利于推动信息技术的快速发展。随着我国信息体系的不断完善，信息体系被广泛应用于电子商务交易的过程中，包括软硬件信息、通信信息、用户信息等内容。信息体系应用于电子商务中，不仅使交易双方能够及时获取相关信息，实现沟通和交流，而且相关人员还可以对信息进行深入挖掘、处理和确保信息安全，有利于推动电子商务的发展。

二、信息管理与信息系统的优越性及重要影响

（一）信息管理与信息系统的优越性

电子商务中，信息管理与信息系统建设渐趋完善，具有无可比拟

的优越性。

首先，信息管理与信息系统的功能更强大，技术水平更高。基于电子商务的信息管理系统，对数据信息处理、存储有着更高的要求。合理利用该系统，不仅能够自动存储和处理信息，而且有助于工作者对相关信息内容进行有效控制，提高工作效率。

其次，信息管理与信息系统更智能。在电子商务时代，经济贸易更加频繁，不仅增加了工作者的工作压力，而且对工作者的工作质量也有着更高的要求。传统的企业信息管理系统，远不能适应企业管理现代化的需要。合理利用信息管理与信息系统，不仅有助于提高工作者的工作质量，还能推动经济贸易的进一步发展。

最后，信息管理与信息系统的应用十分广泛，适用于众多行业领域，能够满足有关人员的实际信息需求。例如，在电子商务中有效利用该系统，能使消费者更好地了解企业，扩大企业影响，还可以使企业工作者及时获取订单信息等，提高工作效率。

（二）信息管理与信息系统的重要影响

信息管理与信息系统快速发展，并能发挥其优势，对电子商务活动有着重要影响。

首先，影响企业信息管理者的管理理念。新时期，基于信息管理与信息系统的企业管理理念以物流为基础，进而开展信息管理计划和控制物流信息，对企业实现经济效益最大化发挥着积极作用。该系统下的信息管理，要求信息资源具有一致性，进而为企业有关人员提供切实可靠的交易信息，有效地打破了传统时间和空间的束缚，提高了交易效率。

其次，对物流产生重要影响。基于物流的信息管理过程较为复杂，增加了工作者的工作量。随着信息管理与信息系统的不断发展，基于物流的信息管理过程逐渐向物流采购一体化的方向发展，对减少工作者的工作量和提高工作效率发挥着积极作用。

最后，对信息处理有重要影响。在传统信息管理系统条件下，企业的信息处理能力相对较弱。电子商务时代对企业信息处理能力提出了更高的要求。基于信息管理与信息系统的信息处理，以分布式为主，能够满足电子商务时代企业信息处理的需要。

三、加强信息管理与信息系统建设的建议

在电子商务时代，信息管理与信息系统虽然发挥着积极的作用，但也存在诸多安全风险。基于该系统的信息数据完全处于开放的共享状态，其极有可能遭受黑客侵袭等，这将会对企业等信息系统的使用主体造成不可估量的损失。因此，我国只有加强信息管理与信息系统建设，提升系统安全性，才能更好地为电子商务服务，进而推动社会发展和进步。

（一）对信息管理与信息系统建设给予大力支持

加强信息管理与信息系统建设，对促进我国经济发展有着积极的作用。因此，政府等部门应加大对系统建设的支持力度，充分发挥宏观调控的积极作用，促进信息管理与信息系统的完善，以满足电子商务时代企业发展的信息需求。

1.加强电子商务法律保障

信息管理与信息系统要想在电子商务中被广泛应用和发挥重要作用，政府相关部门必须进一步加强法律法规建设，以完善法律体系，为电子商务的发展提供良好的法律环境。完善的电子商务法律制度能够为系统运行提供法律保障，提升信息的安全性，确保系统使用者的信息安全。

2.加大信息管理与信息系统的推广力度

目前，诸多企业领导人员对信息管理与信息系统的认识不足，仍然采用传统信息管理方式开展信息工作。对此，我国政府有关部门应与区域内的企业进行合作，大力推广信息管理与信息系统。信息管理与信息系统倘若在企业中切实可行，则会吸引更多企业领导者运用信息管理与信息系统进行信息管理，促进电子商务持续稳定发展。

政府相关部门应加大技术支持和经济支持，为信息管理与信息系统的建设和电子商务的发展提供良好环境。一方面，鼓励企业引进国外新设备、新技术，在适合我国电子商务发展的基础上加以创新改造。这不仅可以提升我国信息技术水平，而且还为电子商务的发展提供了保障。另一方面，加大经济支持，促进各项基础设施的建设，推动我国信息建设的发展进程。

（二）加强信息型人才培养

电子商务对信息技能型人才有着较高的要求。高校是孕育和培养人才的摇篮，肩负着培养信息型人才的重任。因此，高校应积极更新课程内容、转变教师教学的思维方式和加强基础设施建设，为更好地培养信息型人才奠定良好基础，为促进电子商务发展提供良好条件。

1.更新信息课程教学内容

目前，我国高校积极发展信息专业，为培养信息型人才奠定了良好的基础。但是，许多学校的信息专业课程教学内容过于陈旧，难以适应电子商务发展的需要。所以，相关部门应对信息专业课程教材进行更新，使教材既适应社会发展的需要，又不断融入新知识、新理论，从而使学生受到良好的专业教育。

2.转变教师教学的思维方式

要加强信息管理与信息系统的建设和完善，人才是必不可少的因素，因而教师要积极转变教学的思维方式，以更好地开展教学活动，提升信息专业学生的知识能力与技能水平。教师可将传统教学手段与现代教学手段相融合，实现多元化，给予学生新鲜感，以激发学生的学习兴趣和求知欲望，引导学生向着更深的信息领域前进。另外，教师应积极进行教学改革和创新，注重培养学生的实践能力，这对信息型人才的培养有着重要作用。

3.加强基础设施建设

信息管理与信息系统的开发和利用对学生的实践能力有着较高的要求，因此学校应加强实验室建设，为学生提供实践基地，激发学生对信息管理系统的创新欲望。电子商务时代，用信息管理与信息系统进行信息管理势在必行。培养和提升学生的创新能力、动手能力是促进信息专业学生素质水平提高的重要途径，所以学校必须加强基础设施建设，以满足电子商务发展的需要。

（三）完善信息管理与信息系统

1.明确规定信息获取渠道

在电子商务蓬勃发展的时代，人们获取信息的渠道不断增多，传统的信息传递方式难以满足时代发展的需要。基于信息管理与信息系统的信息管理可能存在安全隐患，国家相关部门应明确规定信息获取渠道，以提高信息系统的安全性。对此，我国有关技术人员应针对该系统加强信息渠道建设，这样既能建立良好的各级信息沟通渠道，又能使系统使用者树立责任意识，对信息进行有效收集和处理，这既有利于信息管理与信息系统的进一步完善，又适应了电子商务发展的需要。

2.提高信息的利用率

在电子商务盛行的时代，企业对有效信息有着较高的需求。只有提高信息利用率，才能及时为企业决策者提供重要参考，促进企业深入开展电子商务活动，使企业能够应对瞬息万变的市场经济环境。因此，在信息管理与信息系统的建立和完善过程中，技术人员应注重对信息收集与处理环节的优化设计，提高系统的信息收集能力和处理能力，为需求者快速提供其所需信息，进而提高信息的利用率。

3.完善信息管理制度

完善信息管理制度是加强信息管理与信息系统建设的重要环节，能够为信息需求者收集信息，确保信息无遗漏，进而更好地为决策者提供决策。所以，相关管理者应建立完善的奖惩机制，对信息收集效率高的工作者给予奖励，同时处罚信息造假者，为信息管理与信息系统的进一步完善创造良好的信息环境条件。

4.完善信息反馈机制

信息反馈是信息管理与信息系统建设和完善的重要环节。只有加强信息反馈，才能确保信息质量。首先，信息管理与信息系统应对信息进行有效的调控处理，以确保筛选信息的真实可靠性。其次，提升系统运行效率，为信息需求者提供实时信息，有助于决策者作出科学合理的决策。在电子商务时代，企业电子商务活动过于频繁，经济贸易信息量过大，会增加工作者的工作难度和压力。完善信息反馈机制，不仅能够加强信息管理与信息系统建设，而且能够为企业发展提供准确的信息，促进企业更好地开展电子商务活动。

随着国家的发展和科技的进步，电子商务已经成为社会发展的必然趋势，其在带动国家经济发展的同时，又对企业信息管理提出了较高的要求。因此，在电子商务时代，相关人员必须加强对信息管理与信息系统的研究，以完善该系统，使其更好地发挥积极作用，以促进电子商务的发展。

第三节　电子商务中大数据应用与个人信息保护

当今世界互联网的广泛运用，使电子商务蓬勃发展，中国的电子商务已经进入了快速发展期。随着电子商务应用的不断发展，电子商务应用中的数据越来越重要，数据科学成为热门的新兴学科。大数据技术在很多电子商务企业中得到了广泛应用，电子商务发展进入了大数据时代。在大数据应用中，如何获取数据、如何处理数据、如何使用数据，已经成为人们普遍关心的问题。另外，电子商务应用中的用户个人信息保护也越来越受到人们的关注。在大数据应用与个人信息保护中，既有技术的问题，也有法律的问题，技术和法律是电子商务应用发展的重要基础。2019 年 1 月 1 日起，《电子商务法》正式实施，我国进入了电子商务法治时代。本节在深入解读《电子商务法》的基础上，对今后我国电子商务应用中面临的大数据应用和个人信息保护问题作了比较深入地分析和思考。

一、电子商务中大数据应用所面临的主要挑战

随着互联网新技术的广泛应用和电子商务应用的不断发展，电子商务发展进入了大数据时代。在大数据时代，数据成为了新资源，通过对数据的收集、分析和应用，可以创造新的生产力，促进经济发展。在电子商务中，大数据应用所面临的主要挑战包括如下几个方面。

（1）数据的安全保护。在电子商务中，数据安全保护，既有技术层面的问题，也有法律层面的问题。

（2）数据的权益保护。在电子商务中，数据成为了经济活动的新资源，数据的经济价值必然会催生出数据的所有权和收益权等方面的争议，因而也就有了数据的权益保护问题。

（3）公共数据的利用。在电子商务中，应在公共数据和公共事务两者安全的前提下利用公共数据。

（4）私有数据的利用。在电子商务中，获取私有数据时应该考虑合

法性的问题。

（5）数据应用的行为。在电子商务中，数据应用的行为须合法，损害他人利益或公共利益的数据应用行为应该被禁止。

二、《电子商务法》对大数据应用的规范

《电子商务法》对大数据应用方面的规范主要包括以下几条。

第十八条：电子商务经营者根据消费者的兴趣爱好、消费习惯等特征向其提供商品或者服务的搜索结果的，应当同时向该消费者提供不针对其个人特征的选项，尊重和平等保护消费者合法权益。

电子商务经营者向消费者发送广告的，应当遵守《中华人民共和国广告法》的有关规定。

第二十五条：有关主管部门依照法律、行政法规的规定要求电子商务经营者提供有关电子商务数据信息的，电子商务经营者应当提供。有关主管部门应当采取必要措施保护电子商务经营者提供的数据信息的安全，并对其中的个人信息、隐私和商业秘密严格保密，不得泄露、出售或者非法向他人提供。

第二十八条：电子商务平台经营者应当按照规定向市场监督管理部门报送平台内经营者的身份信息，提示未办理市场主体登记的经营者依法办理登记，并配合市场监督管理部门，针对电子商务的特点，为应当

办理市场主体登记的经营者办理登记提供便利。

电子商务平台经营者应当依照税收征收管理法律、行政法规的规定，向税务部门报送平台内经营者的身份信息和与纳税有关的信息，并应当提示依照本法第十条规定不需要办理市场主体登记的电子商务经营者依照本法第十一条第二款的规定办理税务登记。

第六十九条：国家维护电子商务交易安全，保护电子商务用户信息，鼓励电子商务数据开发应用，保障电子商务数据依法有序自由流动。

国家采取措施推动建立公共数据共享机制，促进电子商务经营者依法利用公共数据。

《电子商务法》第十八条是对基于大数据画像进行精准营销和个性化推荐导致“大数据杀熟”购物歧视行为的规定。所谓“大数据杀熟”，就是收集用户画像、支付能力、支付意愿实行“一人一价”，甚至可能出现“会员价”高于正常价格的情况。为了进一步推进《电子商务法》的实施，建议尽快出台有关电子商务大数据应用行为的规范，以便更好地保护消费者的合法权益。

《电子商务法》第二十五条和第二十八条是对依法向有关主管部门提供电子商务数据信息、向市场监督管理部门和税务部门报送有关数据的规定。为了进一步推进《电子商务法》的实施，建议尽快出台相关具体细则。

在《电子商务法》第六十九条中，其鼓励电子商务数据开发应用，国家保障电子商务数据依法有序自由流动，建立公共数据共享机制，促进电子商务经营者依法利用公共数据。为了进一步推进《电子商务法》的实施，建议尽快出台推动电子商务公共数据共享和利用的具体办法。

三、电子商务中个人信息保护所面临的主要挑战

在电子商务应用中，个人信息保护很重要。尤其是在大数据应用中，如何进行个人信息保护是消费者权益保护的重要方面。从用途来看，个人信息可以分为三类：①用于建立特定主体之间互动的渠道，如电话号码、电子邮箱、地址等；②用于认证特定个人电子身份，如用户名密码、指纹、虹膜等；③用于描述个人某些方面的特征或情况，如浏览记录、婚史、行踪轨迹、教育经历、疾病史、宗教信仰、血型、基因信息等。

网络环境中的个人信息保护问题是重中之重。电子商务中个人信息保护所面临的主要挑战一般包括如下两个方面。

（1）个人信息的安全保护。个人信息在大数据时代已经成为了一种经济资源，在利益驱动下，各种非法收集、买卖、窃取个人信息的行为屡禁不止。

（2）个人信息的权益保护。个人信息权益已经成为互联网信息社会的新生利益点。在电子商务中，个人信息的权益一般包括所有权、查询权、更正权、删除权、收益权等。

四、《电子商务法》对个人信息保护的规范

《电子商务法》对个人信息保护方面的规范主要有以下几点。

第五条：电子商务经营者从事经营活动，应当遵循自愿、平等、公平、诚信的原则，遵守法律和商业道德，公平参与市场竞争，履行消费者权益保护、环境保护、知识产权保护、网络安全与个人信息保护等方面的义务，承担产品和服务质量责任，接受政府和社会的监督。

第二十三条：电子商务经营者收集、使用其用户的个人信息，应当遵守法律、行政法规有关个人信息保护的规定。

第二十四条：电子商务经营者应当明示用户信息查询、更正、删除以及用户注销的方式、程序，不得对用户信息查询、更正、删除以及用户注销设置不合理条件。

电子商务经营者收到用户信息查询或者更正、删除的申请的，应当在核实身份后及时提供查询或者更正、删除用户信息。用户注销的，电子商务经营者应当立即删除该用户的信息；依照法律、行政法规的规定或者双方约定保存的，依照其规定。

第二十五条：有关主管部门依照法律、行政法规的规定要求电子商务经营者提供有关电子商务数据信息的，电子商务经营者应当提供。有关主管部门应当采取必要措施保护电子商务经营者提供的数据信息的安全，并对其中的个人信息、隐私和商业秘密严格保密，不得泄露、出

售或者非法向他人提供。

第七十九条：电子商务经营者违反法律、行政法规有关个人信息保护的规定，或者不履行本法第三十条和有关法律、行政法规规定的网络安全保障义务的，依照《中华人民共和国网络安全法》等法律、行政法规的规定处罚。

在第五条中，《电子商务法》把个人信息保护作为电子商务经营者的重要义务之一；在第二十三条中，《电子商务法》具体规定了电子商务经营者对个人信息保护的义务；在第二十四条中，《电子商务法》规定了用户信息的查询权、更正权和删除权，以保证用户信息的完整、正确；在第二十五条中，《电子商务法》规定有关主管部门对电子商务经营者报送的个人信息不得泄露、出售或者非法向他人提供；在第七十九条中，《电子商务法》对于个人信息安全进行了明确规定。近年来，个人隐私信息泄露、盗用、贩卖事件时有发生，用户将个人信息交付给电子商务平台，电子商务平台就有保护个人信息的义务。

在我国，个人信息保护的立法散见于《中华人民共和国刑法》《中华人民共和国网络安全法》《中华人民共和国民法总则》《中华人民共和国消费者权益保护法》《中华人民共和国居民身份证法》等相关法律法规。电子商务经营者在收集用户个人信息时，一般要遵守上述法律法规的规定。为了进一步推进《电子商务法》的实施，建议尽快出台电子商务个人信息保护法，以便更好地保护电子商务中的个人信息。

综上所述，《电子商务法》是一部倡导性和原则性的基本法。针对我国电子商务应用中面临的大数据应用和个人信息保护问题，建议尽快出台相关法律法规。《电子商务法》的实施必将促进我国电子商务的健康发展。

第四节　电子商务信息系统会计核算

随着互联网技术的快速发展，电子商务不断普及，这不仅对人们的生活、娱乐、工作产生了重大影响，还对企业会计信息系统有一定的影响。在企业生产经营活动中，电子商务信息系统作为一种重要的经济资源，为企业会计核算提供了新的途径。互联网为电子商务信息系统提供了大量的信息支持，在很大程度上改变了企业财务管理与会计核算模式，网络化财务应运而生。为此，在企业会计核算中，加强网络化手段的运用，充分发挥电子商务信息系统的作用，成为了会计从业人员需要进行深入研究的重要问题。

一、电子商务信息系统中现行的会计核算方法

电子商务信息系统的构建，不仅涵盖计算机网络设备、信息识别采

集设备等硬件，还涵盖网络通讯等软件。按照现行会计准则，在会计核算工作中，可以把电子商务信息系统中涵盖的软件看作是硬件附属，这样就可以将电子商务信息系统看成是固定资产，并以此来展开核算工作；同时，也可以分开核算电子商务信息系统中涵盖的硬件与软件，将硬件看作是固定资产，将软件看作是无形资产，以此来展开具体的核算工作；如果电子商务信息系统中涵盖的硬件成本比例较少，可以将电子商务信息系统看成是无形资产，以此来展开核算工作。然而，不管是哪种形式，都可以根据现行会计准则要求进行摊销或折旧核算。因为计算机网络硬件具有更新换代快的特点，在进行会计核算的时候，可以对电子商务信息系统中涵盖的固定资产予以加速折旧，促进会计核算工作的顺利进行。固定资产与无形资产会计核算的主要内容是初始成本核算、固定资产折旧核算、无形资产摊销核算、固定资产与无形资产的减值核算。按照现行会计准则，电子商务信息系统会计计量主要是基于历史成本展开，只有在出现不可逆资产减值的时候，才可以结合当期市场价值调整电子商务信息系统账面价值。

二、电子商务信息系统对会计核算的改进

从某种程度上说，电子商务信息系统是一种商品，为了保证其能够长期发挥作用，需要对其进行持续的维护与更新。从整体投入方面分析，

电子商务信息系统的日常维护与更新成本在整体投入中占据了很大的比例，不容忽视。在日常维护与更新方面如果不投入成本，电子商务信息系统初始投入就无法发挥其应有的作用，也会制约电子商务信息系统的全面运用。这也是电子商务信息系统作为资产和固定资产与无形资产的差异。固定资产与无形资产的日常维护与更新成本低，不会对资产作用发挥产生影响，所以，固定资产与无形资产的日常维护与更新成本可以归纳到当期费用之中。电子商务信息系统的日常维护与更新成本则可以归属为初始成本性质。

在企业生产经营活动中，电子商务信息系统发挥着十分重要的作用。和已有的固定资产与无形资产不同，电子商务信息系统是会计报表中的重要内容，可以让会计信息使用者有效了解会计报表的有关信息。在实际工作中，会计人员可以构建电子商务信息系统，之后在账户下设置摊销、成本、公允价值变动的明细内容。其中摊销明细主要是贷方对电子商务信息系统摊销入期的费用成本进行核算，借方对电子商务信息系统终结转出的摊销总额进行核算，在贷方电子商务信息系统中显示余额和累计摊销金额；成本明细主要是贷方对电子商务信息系统终结转出投资总额进行核算，借方对电子商务信息系统构建与运行投入进行核算，并在借方电子商务信息系统构建与运行中显示余额和累计摊销金额；公允价值变动明细主要是贷方对电子商务信息系统中公允价值小于账面价值的部分进行核算，借方对电子商务信息系统中公允价值大于账面价值的部分进行核算，在贷方或者借方电子商务信息系统中显示余额，表示公允价值和账面价值之差。

在会计报告信息披露中，电子商务信息系统可以被当成是一级账户，在长期资产类别中以净值显示，表示电子商务信息系统的公允价值。同时，企业会计报告附注要明确企业当期电子商务信息系统构建、运行、维护、更新、摊销等内容，详细说明公允价值变动、财务状况，这样才能为会计核算工作提供可靠依据。

电子商务在改变现实生活的同时，对传统会计环境、理论也有着一定的影响，构建互联网信息技术基础上的电子商务对传统会计模式与会计核算产生了一定程度的冲击作用。在此形势下，会计信息系统应强化改革，努力适应电子商务环境，这样才能保证会计核算工作的全面落实，提高企业的财务管理水平。

第五节　电子商务的物流企业库存信息管理

信息技术的更新带动了互联网的发展，而依附于互联网技术的商业模式也逐渐得到了推广、认可，并给人们的生活带来了翻天覆地的变化。电子商务的发展，不仅为我们的生活带来了便利，增添了新的购物乐趣，还带动了与电子商务相关的各行各业的发展，同时创造了许多就业机会。

物流业作为电子商务顺利进行的必要保障，正逐渐从传统物流向现代物流转变。随着电子商务的普及与发展，物流企业库存爆满的问题时有发生，因此如何有效管理库存系统，并建立与电子商务环境相匹配的库存信息系统是十分有意义的研究内容。

一、电子商务对物流企业及库存的影响

（一）电子商务对物流企业的影响

电子商务实际上是由信息流、资金流、物流的流动来完成的，其与物流密切相关，它的革新与发展给物流业带来了颠覆性的影响。电子商务时代的到来，使得市场的竞争不再是比较企业自身拥有多少物质资源，而是比较能够协调、利用并整合多少资源，这是供应链一体化下企业的核心竞争力。在这种背景下，物流不再是一个被动的角色，它是拉动电子商务的主要因素。物流企业降低运输、库存等环节的成本，提高服务质量，势必会提高人们对网上购物的需求。另外，电子商务的实现全程离不开互联网，这也使物流企业走向数字化、信息化，如在库存管理方面，物流管理的重点要从对有形商品的管理转为对库存信息的管理和对信息技术的掌握。

网上购物拉近了供应商与顾客之间的距离，也提高了顾客对物流的要求，要求商家及时、准确地将商品完好无损地送到顾客手中。因此，

面对日益加大的配送压力，物流业需要对现有的配送中心、仓库、港口等进行调整，如优化路线、设施布局等。此外，电子商务的发展使物流业面临着一次重新洗牌，不能适应信息化、数字化的物流企业，将被淘汰出局。物流企业一方面要为产品生产商库存商品，另一方面需要将顾客在网上购买的实体商品送到其手中，是整个供应链中的协调者，地位举足轻重。

（二）电子商务对企业库存环节的影响

库存环节是物流企业的一个重要环节，电子商务的蓬勃发展在对物流企业产生影响的同时，更对物流企业的库存管理提出了更高的要求。一方面，物流企业作为流通环节的服务商，它的目的不是像制造企业一样生产产品，而是通过它的调配运输将产品更好更快地送到顾客手中，这是提高顾客网上购物满意度的关键一步。这意味着物流企业将不再是以前那种只提供运输服务、独立于制造企业之外的企业，而是成为了电子商务企业的一部分，嵌入到企业的整个生产销售环节之中。另一方面，电子商务将企业原有的封闭系统转变成开放的系统，同时促使物流企业不再孤军奋战，而是嵌入到这个大网络中，实现信息共享。这也就要求物流企业要对库存环节进行虚拟化管理，保证库存信息系统的兼容性和集成性，还可利用数字化技术提高库存在仓储、调配等方面的管理水平，进而管理好电子商务的庞大库存信息。

二、电子商务物流企业库存信息系统的设计目标

电子商务的发展不仅对物流企业起到了带动作用，更对物流企业发展的关键环节——库存管理提出了更高的要求。因此，物流企业要想对库存环节进行信息化管理，提高管理水平，就需要设计出适合电子商务背景的库存管理信息系统。库存管理系统的设计目标如下。

（一）物流库存信息系统可存储并提供大量的信息

电子商务模式让许多实体交易变成了线上交易，采购者可以买到全球的商品，而不仅限于国内。随着网上消费群体的日益庞大，流通货物的数量也迅速增加，这些都离不开强大的物流。因此，物流库存信息系统必须能为物流企业提供大量的库存商品信息，包括入库、出库、存储期限等，也要为制造商和采购商提供商品在流通过程中的信息，如是否已入库、存库的状态等，以实现生产、物流、销售各环节的信息共享，提高管理效率。

（二）利于实现库存信息系统的规范化管理

物流企业所设计的库存信息系统要符合具体库存管理的规范，这样才能便于企业的操作、实施与监督。例如根据所服务企业的类型将仓库分门别类，确定商品单号、名称、入库日期等信息才能入库，这样有利于查询货物入库、出库或准备进行入库、出库等信息。

（三）库存信息系统可实现信息共享

物流企业是电子商务流程中的一个环节，所以需要确保物流企业的信息与所服务企业信息的沟通无障碍。通过库存信息系统与所服务企业的内部系统进行信息交换，及时掌握货物的状态，是物流企业提高应变能力、减少失误的有效方法，同时有利于仓库空间的合理利用。

（四）库存信息系统要利于实现库存的合理化

库存信息管理系统要实现在空间、时间上合理高效地利用仓库的目标，一方面要进行空间布局，在不影响货物安全存储的情况下保证最大限度地利用仓库空间；另一方面要进行合理的时间规划，减少货物积压、滞留的时间。这不仅能降低管理成本，还能提高顾客对服务的满意度。

三、电子商务物流企业库存信息系统的功能模块

物流企业库存信息系统并非只有一个模式，其根据服务对象的特点和需求有不同的系统功能模块。在电子商务中，物流企业所采用的库存信息系统需要符合这个电子商务企业的特殊性，以及适应其商业模式与传统模式的差异性。根据库存的流程，物流企业的库存信息系统模块可分为入库信息系统模块、仓储管理信息系统模块、出库信息系统模块和注册登入系统模块。

（一）入库信息系统模块

货物进入仓库是库存管理的第一步。根据规范化管理要求，入库过程包括运输、卸货、运货、数量清点、货物检验、存放整理及入库登记等。物流企业根据客户的要求，按照入库手续准时接收、存放货物。其中库存信息系统需要完成的任务有根据客户的入库货物信息安排接收的物流车、存放的地点、搬卸的员工、确认货物入库和更换存货地点等。具体来说，入库信息系统模块有以下几种功能。

安排人事与库存地点。库存信息系统先从客户方得到货物库存管理的订单信息，再根据订单内容安排订单接收负责人、搬卸的员工及入库时摆放的位置等。

货物接收。在货物入库前，对货物数量进行清点，并要与库存信息中的订单信息进行核实，确认无误后再进行入库。

货物存放指导。库存系统通过计算机优化为搬货的员工提供货物存放的指示，保证空间的合理利用。

入库确认。在货物存放好后，库存系统要对货物的相关信息进行登记，包括货物的数量、名称、入库时间和地点等。若存放的地点发生变更，则要记录在信息系统中，以确保信息的准确性。

生成会计信息。这是完成入库管理的最后一步，将已接受入库的货物转化成企业会计系统所用的会计信息，如货物运输账、库存账等。

（二）仓储管理信息系统模块

仓储管理是库存环节的重要环节，因货物在物流企业的仓库滞留储存，物流企业势必承担货物丢失、破损等风险，因此有效保证货物的安全和保持其原有价值是物流企业高质量服务的体现，也是最有难度的工作。在这个环节中，库存信息系统需要对已入库的货物进行检索、及时告知管理人员仓库的最新状况，并提供如仓库是否即将满仓、仓库还有空间尚未利用等信息。仓储管理信息系统模块应具有以下两种功能。

库存检索功能。为了确保客户需要运送的货物完好无损且数量准确，在货物入库后，系统需要提供一份货物入库的数据给检验人员，以便检验人员检验仓库货物，进行核实并登记。检验人员不仅需要对货物的数量进行核对，还需要检查货物自身，如包装在搬运时是否受损、受损程度如何等。若货物在运输过程中被损坏，则要登记到库存检索系统，以便真实反映库存现状，同时保护客户利益。相关人员需对客户解释货物损坏的原因，及时记录信息并满足客户提出的退货、补货的要求。

库存预警功能。当仓库出现危险情况时，如烟、火或漏水等情况，应及时发出警报，以降低仓储货物的损失。此外，库存系统还可以查询仓库各个时间的使用情况，通过查询库存的最大量和最小量对仓库的利用率进行判断，既不让仓库过于饱和，影响安全，也尽量减少仓库因使用率过低而造成的浪费。

（三）出库信息系统模块

库存管理的最后一个环节——出库，也不能忽视，它的目标就是将仓储的货物及时、准确、零损失地送到消费者手中。这个环节系统模块要完成的就是检验出库的货物，包括数量、名称、完好程度、派送地点等。另外还需要根据出库货物的数据对货物进行分类，以降低运输成本。出库信息系统模块有以下几种功能。

出库信息汇总。这是出库管理的第一步，即要求库存系统要将即将出库的数据进行汇总，将出库货物的数量、名称、出库时间、送往地址等信息编辑成出库单，并根据配送路线、运输能力等进行分配，给出货物出库分配运输的方案，提供给企业参考。

货物分拣处理。在汇总的出库信息出来之后，操作人员根据系统提供的拣货清单进行分拣处理，将出库的货物分别搬运到分货架，将拣货清单计入库存系统。

确认出库。根据库存系统出库货物汇总和拣货的数据，与库存货物减少的数据进行对比核实，确认出库的数据、出库的货物数量、类型等是否和要求出库的订单一致。最后将分拣的货物运出仓库，在出库时系统将读取货物的条码，做最后的出库确认，最终将货物进行分类配送。

内部数据传送。在完成出库任务后，库存系统要及时将出库订单、拣货清单与出库确认信息传送到企业内部系统进行处理，形成最后的会计数据、交易信息等。

（四）注册登入系统模块

除了库存过程的这三个功能模块之外，库存管理系统还需要对外来人员进行核实，即建立注册登入系统模块。这保证了库存管理系统的安全性，若完全对外开放会难以管理，且还会有数据丢失、被盗等风险，因此需要对访问者进行阻拦和身份核实。另外，为了实现信息共享，并为客户提供便利，库存系统可对客户提供查询账号和密码服务，利于客户随时了解自己货物的情况，维护客户的知情权。

第六节　自媒体——电子商务营销的新形式

随着经济水平的提升和信息技术的高速发展，传统的营销方式和渠道受到了冲击。微信、微博、博客等 SNS 软件的用户日益增加，人们获取信息的方式也逐渐转向自媒体。本节以自媒体电子商务营销的类型、优势和不足为切入点，分析了自媒体电子商务营销的新形势。

一、自媒体的内涵和特点

自媒体也称“个人媒体”或“公民媒体”，是普泛化、私人化、自主化、平民化的传播者，其借助电子化和现代化的手段向特定的单人或大多数群体传递规范化或非规范化的信息。常见的自媒体平台包括抖音、贴吧、新浪微博和微信等。自媒体的内容构成较为特别，其没有既定的核心，可能是分享者觉得有价值的内容，也可能是一些关于热门事件的犀利观点。创作自媒体文章的人一般会很好地控制字数，通常会将其控制在 1000 字以内，方便用户在短时间内快速读完。自媒体的特点有以下两个：

（1）个性化和平民化。美国的《时代周刊》（*Time*）在 2006 年底的年度人物封面上只放了一台个人计算机和大大的“You”，对此《时代周刊》（*Time*）对外解释说，个人正在成为“新数字时代民主社会的公民”，社会也从机构向个人过渡，“You”是互联网内容的创造者和使用者。

（2）传播快和交互强。自媒体使人们在任何地点和时间都可以经营属于自己的媒体，能迅速传播信息，大大增强信息的时效性，使受众可以迅速地反馈信息传播效果，这种强大的交互性和与受众之间的近距离接触是传统媒体望尘莫及的。

二、自媒体时代电子商务的营销模式

电子商务营销在自媒体时代下有多种营销模式，主要分为以下几种：

（1）代言营销模式。该营销模式虽然没有占据较大的比例，但是其市场价值却不可小觑。目前多个企业负责人都有自己的个人微博，再加上其自身具有较大的影响力，因此，不管是推介还是宣传企业产品都能取得较好的效果。例如潘石屹在市场营销中就借助自媒体进行宣传，以代言的形式提高企业知名度。

（2）互动营销模式。该营销模式在自媒体营销中最为常见，即借用微信、微博等媒介载体和顾客积极互动。这种互动模式可围绕公共话题展开，当吸引到相应的关注群体后可适度地向群内成员介绍部分产品和服务。

（3）整合营销模式。该营销模式是传统营销模式与自媒体的结合，以此避免双方在营销模式中存在的弊端。例如，在信息市场推广中可借助自媒体向更多的人介绍企业产品，以提高企业市场营销效果；还可借助传统报纸、电视等媒体方式开展深层次宣传。

（4）情感营销模式。该营销模式借助某情感波动大的素材开展市场营销，通常这种营销方式所附带的公益色彩较为浓厚，如在微博或微信平台上晒出部分滞销的农产品图片，号召热心网友购买，通常在短时间内就可通过网络销售平台将滞销的农产品销售出去。

三、自媒体电子商务营销的优势及不足

自媒体在快速发展的电子商务的带动下，在企业的市场营销中占有较大比例。我们应充分考虑自媒体在企业市场营销中存在的优势和不足，

以便更好地借助自媒体平台为企业的市场营销提供推动力，进一步挖掘和发挥其营销层面的优势，规避其劣势的影响。

（一）自媒体电子商务营销的优势

自媒体电子商务营销的优势主要有以下几方面：第一，有利于企业开展病毒营销和口碑营销。大众在自媒体上通过他人的评价和反馈衡量企业所提供的商品和服务，企业则利用消费心理开展更大范围的营销。具体来说，就是大众能在自媒体上看到他人对企业产品的评价，在口碑相传的作用下，在一定程度上会提升企业产品的知名度，再加上网络自身能够不断扩大和繁殖信息，更有利于企业开展病毒营销和口碑营销。第二，有利于企业与消费者互动。自媒体是一种即时聊天的工具，并不只是发布资讯的平台，因此企业可借助自媒体平台与消费者展开互动。自媒体企业向市场投放新产品后，通过与消费者的互动，可以第一时间了解到消费者对产品的意见和反馈，有利于企业改进产品和服务。传统营销无法做到上述内容，即便有信心做到，也需要花费大量的人力、物力、财力。第三，为企业提供快捷和低廉的广告平台。广告宣传在企业市场营销中是重要的营销成本，不管是平面媒体宣传还是电视媒体宣传都需要大量的资金投入。然而自媒体作为信息交互的平台，企业可通过发微博、朋友圈等方法向大众推送与产品相关的广告。在这个过程中不需投入较多的资金，但其信息传播速度却快于传统媒体。第四，有利于开展精准营销。企业市场营销应建立在明确的消费群体上，传统营销方式之所以没有取得良好的效果，主要是因为其缺乏有效的市场调查，以至于后期在制定营销策略、营销方向时有一定的偏差和失误。但自媒体可规避上述风险，因为此类社交软件上用户的互动都基于相同的心理诉求，所以不管是他们的消费习惯还是消费心理一般都存在一致性。从这个层面上来看，自媒体营销有助于企业进行精准营销。

（二）自媒体电子商务营销的不足

自媒体下的电子商务营销虽然有一定优势，但也有一定的不足。第一，顾客定位不清晰。企业构建的自媒体平台一般采用照单全收的方法，因此在一定程度上会存在对顾客定位不清晰的情况，这在一定程度上会影响企业营销战略的开展与实施。所以在未来的自媒体营销中，如何使用有效的方法对顾客准确定位是电子商务营销工作开展的主要问题之一。第二，营销监管存在漏洞。由于缺乏必要的监管措施，自媒体营销中较易出现恶意营销、欺诈营销、虚假营销等违背国家法律法规的行为。自媒体是一种线上的虚拟平台，无法有效保证营销信息的真实性。除此之外，当不法营销侵犯消费者的合法权益时，消费者维权难度较大。第三，营销手段缺乏创新，过于单一。虽然在市场营销中自媒体属于新型营销方式，其在产生的初期就有相应的市场效应。然而随着市场越来越熟知这种营销模式，多数消费者对这种营销产生了本能的排斥和免疫，再加上缺乏创新和过于单一的自媒体营销手段，都影响着自媒体营销市场效能的充分发挥。

四、提升自媒体电子商务营销水平的途径

（一）明确自媒体营销的顾客定位

准确定位顾客在自媒体营销中有着重要作用。一方面，顾客是企业产品质量的点评者，好的评价能提升企业外在口碑和赞誉度，反之，差评则会影响企业的外在形象。另一方面，顾客是企业服务、产品等各项信息的接收者。因此企业在借助自媒体开展市场营销时，应充分认识对顾客准确定位的重要性。与此同时，营销团队应贯彻和落实顾客至上的理念，不断提升自身的服务意识。

（二）加强对自媒体电子商务营销平台的监管力度

我国工商部门要严把市场准入关，加强对电子商务主体资格的监管；合理运用商事登记等权限，提高电子商务主体的可信度和合法性，坚决反对损害消费者、竞争者权益的违法行为，从而为广大电子商务主体创造公平和谐的交易秩序和环境。

（三）创新自媒体电子商务营销模式

在自媒体时代，电子商务营销也应不断创新自身的发展模式。第一，

价值主题创新。围绕电子商务提供的产品、电子商务合作伙伴、电子商务发展中存在的问题和需要创新的议题等，以用户专长和兴趣作为细分市场的标准进行用户创新，解决企业发展问题，提升整个电子商务价值。价值创新的关键在于利用企业的购物平台为消费者搭建沟通交流平台，能为消费者提供分析讨论新产品使用感受的机会。第二，开展全民营销策略。每一个网络用户在自媒体营销策略中都是潜在的消费客户或营销者，借助相应的平台将各种自媒体营销平台上潜在的网络用户逐渐转化为营销者，可以提高营销效率和营销信息的传播速度。开展全民参与的营销策略在于通过合适的方法调整营销内容，促使其产生一定的传播效果。例如，企业可将促销信息和优惠活动等制作成吸引消费者眼球的短信息，之后借助微博、微信等自媒体平台传播，从而达到营销作用。总的来说，全民营销的重点在于充分利用自媒体平台的特点和选择合适的切入点，这样才能形成较好的信息传播效果，达到提高销售量的目的。企业在未来的自媒体营销过程中应立足于自身的实际发展情况，不断创新营销模式，充分借助口碑营销和事件营销提高自媒体平台的知名度。

综上所述，随着时代的进步和技术的发展，越来越多的商业形式出现在大众生活中。自媒体作为信息高速发展的产物，其借助先进的信息网络技术在实现全球信息互联的同时，也在短时间内把信息咨询传播到网络覆盖的每一个角落。电子商务营销应借助自媒体的优势不断提升自身实力，以更先进、快捷、全面的方式服务于大众。

第四章　信息时代背景下电子商务的组织研究

第一节　基于电子商务的智慧农业发展

2015 年李克强总理提出了“互联网＋”的新型概念，这是现代思维理念与互联网结合的成果。在信息时代，农产品和农副产品不再局限于某一地区才能生产，也不再被运输限制。通过电子商务、大数据、云计算等，农业、农副业的生产经营实现了良性发展，这有助于农业智慧经济体系的建立。

一、电子商务对农业经营的影响

（一）农业电子商务对农业经营的影响

农业电子商务以农产品、农副产品为基础，主要涉及农产品、农副产品的生产、经销、支付、售后、物流等活动。以互联网为平台，农产品、农副产品可以得到更大的经营空间，使产品的经营不再受地区的限制。同时借用互联网技术，也能使农业经营的支付方式等不再烦琐。农业电子商务有利于人们了解农产品、农副产品的供需信息，这在一定程度上避免了由于信息不对称而对从事农业的人员造成损失。

（二）电子商务对农业经营模式的改变

传统的农业经营过于依赖店面的位置、经营的渠道、经营地区的供求等，而电子商务大大减少了这些限制。农业电子商务线上到线下（Online To Offline，O2O）的模式可以帮助生产者满足大部分消费者的需求，同时也能减少实体经营所需的成本和时间。O2O 模式的最大亮点就是生产者可以直接和消费者沟通，快速了解消费者的需求从而达到营销的目的，同时也能避免在经营过程中产生不必要的费用。

二、农业互联网经营的主要模式

（一）O2O 模式

O2O 是生产者直接面对消费者的经营模式，生产者可以通过这样的互联网经营模式直接将自己的产品资源、质量、价格等呈现给消费者，同时消费者也可以直观地了解消费产品的具体信息。对于消费者而言，O2O 的模式更加便捷，它能够使购买信息更加直观，减少了消费者外出购买、挑选等时间成本和价格成本。

（二）电子商务中的社区经营模式

互联网的社区即公告栏、群组、各大互联网平台等，为社区成员提供了沟通的平台。目前互联网社区的主要模式有公告板系统（Bulletin Board System，BBS）、新闻组（Usenet）及多用户层面（Multiple User Dimension，MUD）等，我国大多数的互联网社区都是通过BBS的模式组建的。电子商务可以充分利用其他的同步信息来形成可供依靠的数据，然后进行社区发展与管理。农业电子商务的社区模式在很大程度上可以使企业或者个体经营者快速而充分地了解并掌握市场需求。对我国的农业生产经营活动来说，电子商务中的社区经营模式可以更好地与国际接轨，不仅能充分发挥农业电子商务的优势，还能使企业更好地抓住国际市场的商机。

（三）互联网信息综合服务

电子商务的信息综合服务主要是网站的建设、维护，而农业电子商务是通过有关的农业技术等，由互联网社区向从事农业生产的人员提供更加多元化、更加有效的信息、技术和服务。这种服务模式解决了我国农业发展中的许多问题，能更加便捷地获取相关信息、商机、资金，同时也能规避互联网电子商务中可能产生的多余环节。

（四）第三方代理模式

在互联网经济中，第三方交易属于线下与线上之外的交易模式。这种交易模式是交易双方将交易活动交由第三方中介来完成的，这不仅可以提高人们对交易的信任度，还有利于专业人士精准引导电子商务的互联网交易流程。这种交易模式能促进产品在互联网电子商务交易中的品牌影响力。

三、实现农业电子商务发展的路径

（一）构建安全有效的平台

要想构建合适、安全的互联网信息平台，对传统农业的生产经营活动进行有效的改造是必不可少的环节。构建安全有效的平台，能够使产品信息更加透明化，有助于提高农产品、农副产品的安全性。加大农业信息化的基础设施投入，可以减少互联网的运营成本，加强地区网络信号的普及，缩小地区间网络信号的差距，为开展农业互联网平台提供技术性支持。

（二）解决农产品运输配送的限制问题

农产品的运输与配送一直是农业生产者们需要解决的重要问题。应当构建安全有效的配送渠道，利用互联网的先进技术解决农产品的流通问题，建设现代化农产品的物流配送体系，加强农业电子商务平台的筛选、监督、更换，以达到解决农产品的运输配送问题的目的。

（三）建设品牌和提供专业化的服务

在商品的品牌和经营中，专业化的服务是电子商务的显性特征。互联网媒体的广泛宣传，有利于塑造农业产品品牌和形成高效、全面、优质的服务。通过互联网媒介的宣传推广来打造特色品牌，可以巩固农业产品在多地区的消费市场。同时有关部门应严格把关，制定农业产品的质量、包装标准，以降低资源浪费和提高产品的安全性。

四、基于电子商务所形成的智慧农业

（一）现代智慧农业的概念

智慧农业是应用现代技术实现现代化农业生产及经营活动的方式，包含了计算机互联网技术、物联网技术、专家技术等，实现了传统农业现代化的管理模式。智慧农业是农业生产经营活动的现代化发展阶段，其集现代化技术为一体，实行智能、合理、有效的生产方式及经营方式，对农业发展有重要意义。

（二）农业电子商务对智慧农业的重要性

相较于传统农业经营，农业电子商务对智慧农业的重要性是显著的，依托于农业电子商务的平台，消费者可以更加直观、清楚地看到农业的智能化生产，对产品质量放心。就目前的农业生产来说，大部分的农业产品企业都依托于智慧农业，而经销渠道更加依靠农业电子商务模式。

对于智慧农业来说，农业电子商务可以带来更加透明的信息，这有利于相关部门进行监管，能够使销售活动更加便利、快捷，使农业产品成本更低。

（三）智慧农业的农业互联网发展趋势

如果说智慧农业是农业生产的发展趋势，那么农业互联网便是农业经销的发展趋势，二者的结合更加体现了农业活动的现代化智能发展模式。农业电子商务对智慧农业来说是如虎添翼，其能使消费者享受到更加便捷的服务。相较于传统的农业模式，智慧农业模式、农业电子商务能给农业产品带来更加多元的发展渠道。

五、智慧农业对农业电子商务的重要性

传统农业生产活动主要依靠人力，这常常会导致人力资源的浪费，同时传统农业对于生产管理也无法做到全面、准确、专业。所以，传统农业向智慧农业的发展是有必要的。从事农业生产的大型企业在面对大规模的农业生产时需要更加规范的管理，智慧农业比传统农业更符合这一要求。同时，智慧农业相较于传统农业具有科学性的优势，更加符合消费者的消费需求。

相较于传统农业，智慧农业更加依赖农业电子商务。农业电子商务对于智慧农业来说意味着更加广阔的经销渠道，其能够更加直观地将安

全有效的生产画面呈现给消费者。对于企业来说，智慧农业和农业电子商务的结合有利于打造企业品牌，能够为企业创建更大的发展空间，同时也能够合理有效地控制成本。

对于企业的发展来说，平台是至关重要的，而农业电子商务相较于传统农业来说平台更大，更符合企业的发展需求。对于政府部门来说，智慧农业的生产模式更加有利于监管，也能使我国的农业经济发展有更好的前景。

相较于传统农业，智慧农业拥有更加直观的优势，合理科学的管理、专业化的生产经营使消费者更加信任产品质量；相较于传统农业经营，农业电子商务能够更加直观地将现代化的农业呈现给消费者。

第二节　中小企业电子商务的发展战略

中小企业指中型企业、小型企业或者微型企业。中小企业的领导者通常是个人或者是少数人，企业规模比较小。随着信息时代的到来，中小企业的电子商务逐渐兴起，甚至可以说是占据了较大的市场份额，在我国的整体电子商务领域中有着不可替代的作用。

中小企业在增加我国就业岗位、降低我国的失业率、带动社会经济发展和打开新的电子商务市场方面都有着不可忽视的作用。电子商务和中小企业的结合顺应了时代的发展潮流，可以说是中小企业走出困境的最佳途径。我国因为中小企业电子商务的发展增加了财政收入，面对经济全球化的机遇与挑战，中小企业电子商务仍需不断地克服困难，开拓新的市场，砥砺前行。

一、中小企业电子商务存在的问题

（一）商业环境不稳定

电子商务实现了商家通过互联网进行商业活动，而不需与消费者面对面地交流、沟通，同时消费者也无须走出家门便可进行网上购物的经济模式。由于这种电子交易活动的盛行，给消费者带来了一些隐患。中国人对传统的购物方式还是比较热衷的，网上购物由于质量得不到保障和看不见交易者，往往会使大多数消费者不信任其产品和活动。因而电子商务还是要以传统销售方式为主，逐渐开辟更大的消费市场。中小企业要想站稳脚跟，必须要有成熟的商业环境给予支持，以赢得更多的投资资金和信任。

（二）电子商务缺少基础建设

电子商务是以国际互联网为基础开展的，因而必须借助现代化的电子设备才能完成商务交易与活动。在大多数人看来，电子商务很容易操作或者是没有经济价值的。也正是因为这些原因，电子商务得到的投资较少，无法扩大规模，最终会导致电子商务的基础设备不齐全，无法将互联网的开放性和网络技术的高效率和低成本的优势全部转化为自身的优势。

（三）专业性人才匮乏

中小企业要想在电子商务领域获得发展，最需要的就是拥有高素质、高效率并且能为公司建言献策的专业性人才。现如今，电子商务正是缺少懂得如何操作和分配的人才去应对现代化经济市场的激烈竞争。信息技术操作不只是做文档和表格，电子商务每个销售环节的完成也不是轻轻点击鼠标即可。专业性的人才是电子商务领域迫切需要的。

二、中小企业电子商务发展的策略

电子商务在降低公司的运营管理成本等方面对中小企业有很大的影响和意义。互联网较大的操作平台对电子商务的经济结构和发展道路也有着重要的作用。公司或者企业的发展要懂得顺应市场、抓住时机和满足顾客的需求。

（一）跟上时代的发展理念，掌握市场动向

中小企业电子商务的发展同样也要讲究天时、地利、人和，什么时候做什么样的决定。公司或者企业领导人的观念是很重要的，他的每一

步策略都对公司的发展有着举足轻重的作用。所以电子商务的领导者要时刻关注市场动向和时代观念的变化，及时更新自己的观念和认识，不能落后。中小企业应根据电子商务发展的机遇适时地调整发展战略，公司内部从高层人员到基层人员都要不断地学习新的发展理念。

（二）从每一步的发展战略目标做起

目标的制定是为了企业更高效地发展。企业无论处于什么样的发展阶段都需要发挥目标的带领作用。中小企业在制定电子商务的发展目标时不能过于笼统，详细的目标可以帮助企业在发展中关注到细节性的错误。每个员工都要对企业为何而存在和怎样才能发展有清晰地认识，要时刻以企业的发展目标提醒自己。企业最重要的目标就是为客户服务，客户是企业发展的关键，因此对待客户，企业一定要真诚。客户的满意是每个企业最基础的目标。电子商务的成长不能以销售量的增长作为全部，企业要想长期发展就必须脚踏实地，一切以客户为重。企业要完成发展目标，就要能够从多方面（如信息网络平台等）获取更加详细和符合市场动向的客户资源，能够掌握客户的心理需求，并且得到客户的长期信任。企业要努力把客户的信赖转变为自己的品牌优势。

（三）确立中小企业电子商务发展的运营模式

一个公司或者企业从诞生到壮大的过程中，发展模式不是固定不变的。中小企业电子商务是 21 世纪信息时代网络发展创新的产物，是实现大众创业、万众创新的载体之一。一个企业发展模式的好坏决定了其能否推动电子商务的发展。客户的需求是应时而变的，所以企业要抓住客户内心的需求来开展业务并对其自身的发展模式进行改革和创新。最关键的一点是企业的顺利发展和国家的政策有关，政府为企业提供的创业平台和发展环境影响着电子商务的进一步发展。因此中小企业电子商务要不断地学习先进的技术，以国家的政策为核心，实现自身的商业价值。

（四）中小企业电子商务的发展需要谋求资源

每个企业都有自己的合作伙伴，有长期和短期之分。企业需要资源来维持其日常的发展，无论是线上还是线下的资源都要以合作和共赢为目的。企业要为自身的发展谋取长期而稳定的资源，需要有属于自己的供给链。

中小企业电子商务的发展与国家的政策、企业的合作伙伴与资源、企业客户的稳定性及企业的发展定位和战略目标息息相关，企业要根据市场经济的发展不断地进行创新和管理。中小企业要利用好电子商务在促进经济增长中的优势，以谋取更长远的发展。

第三节　电子商务与电子金融的融合发展

进入信息时代，电子商务的发展推动了电子金融的发展，同时电子金融也为电子商务的发展提供了助力。本节首先介绍了电子金融，然后分析了其与电子商务之间的联系，最后介绍了其在电子商务中的应用。

一、电子金融

电子金融是当代的一种新的货币形式，主要有智能卡形式的支付卡和数字方式的货币文件两种形式，支付卡适用于网下支付，而后一种则适用于网上支付。电子金融是一种基于网上电子信用发展起来的以商用电子化机具和各类交易卡为媒介，并通过互联网和移动互联网以电子脉冲进行资金传输和存储的信用货币。电子金融在 20 世纪 70 年代就已形成，时至今日，它的应用越来越广泛。

二、电子商务与电子金融的联系

在研究电子商务和电子金融的过程中，不难发现在电子商务活动中金融系统承担着新的电子货币的发行、电子支付规则的制定、支付中介的实现、信用流通工具的创造和电子支付安全保障措施的提供等重大职责。电子金融是金融业在电子商务条件下创新的一种产物，电子商务的发展离不开金融服务提供的基础架构，同时电子商务的发展也为金融业提供了全新的服务领域和方式。也就是说，电子商务从诞生开始，就与电子金融建立了千丝万缕的联系，这也决定了电子商务和电子金融要协同共进。随着电子商务的发展，很多金融机构开始在网络中建立站点，并开启了部分网上金融机构业务，为人们的购物付款、转账等提供了安全高效、方便快捷的支付方法和途径。

我国电子金融虽然服务范围还不够全面，但是相较于传统的金融服务来说有诸多优势。电子金融以其投入少、效率高、受众广和无时间限制的优势成为了金融业务的另一发展方向。目前，众多商业金融机构正在不断提高自身信息集成和管理水平，以进一步推进电子金融的创新与发展。同时电子商务的高效快捷也促进了金融业务信息化的发展，电子金融的发展也越来越多元化、品牌化，在一定程度上满足了人们日常生活的不同需求，包括购物、日常支付、保险、投资理财等。

三、电子金融在电子商务中的应用

在数字化时代到来之际，金融电子化和互联网得到了迅猛发展。只有正确认识电子金融的含义和意义，才能逐步完善我国的电子金融系统，进而促进电子商务的发展，保证电子商务活动的顺利进行。我们应该先认识电子商务，其是一种利用先进信息技术的商务活动方式，集通信服务、数据管理服务和安全服务于一体。在电子商务活动过程中，买卖双方按照一定格式将自己的供需意愿输入到电子商务网络中，然后由网络按照消费者的要求为其匹配相关信息、提供多种商品选择。只要消费者确认了消费选择，那么电子商务将会协助消费者完成后续各项业务，包括合同的签订、传递及款项的收付等。在此过程中，认证机构为了保证交易的安全性，还会对交易双方进行认证，以确认其真实身份。由此可以看出，电子商务的实质就是在由互联网构建的虚拟交易场所进行交易。

在美国，电子商务在各种金融服务部门主要涉及电子银行业务、电子证券、电子保险及多样化电子金融服务等方面。多样化金融服务是其中一个重要领域。所谓多样化金融服务就是服务公司向消费者提供明显不同的各类型金融服务，包括银行业务、保险、信用卡、客户借贷等，当然也并不仅仅局限于这些服务。例如，美国运通公司可以为个人提供信用卡、赊账、旅游支票及其他可储存的有价产品，同时还会提供保险、共同基金、经纪商服务、理财计划及其他投资产品。该公司通过它的公司卡服务，帮助公司和机构管理旅行、娱乐和采购费用，还会提供投资管理服务，并对养老金及其他员工福利计划进行管理。同时该公司还会为小企业提供财务和税收服务，此外还对在岗员工提供相应的理财服务。美国运通公司作为一家旅游代理机构，同样会为全球的个人和公司提供旅游及其相关咨询服务。该公司正是电子商务和电子金融相结合、发展的一个典型例子，从中也体现了电子商务和电子金融在美国的运用和发展。

在我国，电子商务的发展则可用马云为首创立的阿里巴巴集团为例。阿里巴巴集团经营很多业务项目，同时还会从关联公司的业务和服务中取得经营商业生态系统的支持。其业务和关联公司的业务包括淘宝网、天猫、聚划算、全球速卖通、阿里云及蚂蚁金服等。其中淘宝网就是注重多元化选择、价值和便利的中国消费者首选网上购物平台，其展示了数以万计的产品和服务信息，为消费者提供了多种产品和服务。而在消费者消费过程中，势必要进行货款的支付，这就涉及了电子金融。同时阿里巴巴的小额信贷是对贷款模式的一种创新，其旗下的支付宝则实现了支付手段的创新，这些既发展了电子商务，也促进了电子金融的发展、进步和创新。

第四节　网络时代我国跨境电子商务的发展

近年来，跨境电子商务已经成为全球热议的焦点之一，备受世界各国政府、企业的关注。从世界大背景环境来看，跨境电子商务产业发展主要是以北美、欧洲地区为主。目前我国的跨境电子商务发展整体不错，但是在一些关键环节还存在着较大的问题，其中较为突出的是跨境电子商务物流，当前我国的跨境物流尚无法满足新时期跨境电子商务产业的发展需求。

随着经济全球化的迅猛发展，我国的经济也得到了飞速发展。国内城乡居民的收入水平和消费能力均显著提升。与以往不同，消费者越来越多地关注产品的质量、品牌等。也正是在这一时期，电子商务平台运作模式的成熟化发展催生了新型的跨境电子商务。当前全新的网络市场经济环境对我国跨境电子商务的运作模式及其转型发展提出了新的挑战，同时也带来了新的机遇。

一、我国跨境电子商务的发展现状

艾媒咨询发布的《2020 H1 全球及中国跨境电商运营数据及典型企业分析研究报告》明确显示，2019 年，我国跨境电子商务零售进出口总值继续走高，为 1862.1 亿元，较上年增长 38.3%。艾媒咨询分析师认为，受新冠疫情的影响，2020 年跨境电子商务行业受到了较大冲击，我国跨境电子商务零售进出口总值较上一年有所减少。

跨境电子商务平台主要由信息流、资金流、物流等基本元素按照国际间一定标准结构整合构成，进而形成了地区与地区、国家与国家之间具有商品交换功能的有机整体。跨境电子商务平台结构内部表现最为显著的就是等级结构性，而其中又包含着所有贸易平台共有的基本特征，如开放性、自组织性、复杂性、整体性、关联性等。当然，跨境电子商务也具备一些传统贸易市场所不具备的特殊特征，如虚拟性。

二、我国现阶段跨境电子商务发展中存在的问题

尽管跨境电子商务在国际进出口贸易领域有诸多优势，但是其在实际操作和实施、运营过程中，仍然存在着一些阻碍因素，这严重制约着我国各地、行业跨境电子商务贸易的发展。这些阻碍性的因素主要体现在三个方面，即通关效率、物流与电子支付和退税。

（一）通关效率问题

所谓“通关效率”，主要是指从报关开始一直到报关结束后放行，在此期间承担商品货物的受托物流企业，其所占用的时间占总报关时间的比重。当前我国跨境电子商务在发展过程中，通关效率低下是三大阻碍因素之一。在跨境电子商务模式运营下，商品货物的供应商与客户之间一般都会直接见面谈判，这种改变虽然不是根本性的转变，但至少会引发跨境电子商务产业链或者某环节过程的变化。因此，在跨境电子商务贸易中，单个供应商和单个客户间的商品交易批量就会不断减少。在这种制约下，整体商品交易的频率也会随之发生变化，最终形成了我们当前所看到的由过去的低频变成了现在的高频的情况。正是因为这种频率的转变，在很大程度上降低了通关效率，同时也增大了境内海关监管的

压力。

（二）物流问题

物流包含着四个步骤，即仓储、分拣、包装、配送，无论是传统的国际贸易还是现阶段新兴的跨境电子商务，物流都是连通卖家和买家的重要纽带。我国电子商务的发展逐步进入到相对成熟阶段，同时它的发展也极大地带动了整个物流产业的发展。因此，国内相继催生了一大批民营物流企业，如顺丰、申通、韵达等。

然而，刚刚起步的跨境物流却存在很多的困难与问题。首先，相对于国内物流而言，跨境物流成本明显偏高，主要是因为跨境交易中很大一部分商品的交易活动都是通过空运来实现的；其次，电子商务经过几十年的发展及技术创新，在国内外许多地区几乎都拥有着自身的一套体系，均相对成熟，从某种意义上来说，电子商务发展正在从初级阶段向中级阶段转变。与此同时，经过较长时间的发展，国内电子商务基础设施及相关体系建设也日渐完善。但是，跨境物流只是刚刚起步，在许多领域都无法满足跨境电子商务贸易的需求，存在着较大的滞后性。与国内物流体系相比，跨境物流体系无论是在基础设施建设还是业务经营管理方面，均存在不足，有待完善。当下在我国的跨境电子商务领域中，物流与电子支付问题不能很好地满足爆发式增长下的跨境电子商务的交易需求。在这种局面下，很可能会出现境内物流企业因无法承担过多业务量而造成大量货物堆积的现象。

（三）退税问题

目前我国在跨境电子商务贸易发展领域基本是以快件为主的，其具有量小、货散、速度快等特点。在这种情况下，卖家无法提供报关单，其物流方式也并没有被正式纳入国家海关的货物贸易监管体系，因此这类商品贸易也就不存在报检和退税问题。

三、我国跨境电子商务发展策略——以长三角地区为例

（一）创新技术与变革模式

上海市商务委员会主办的中国国际网络购物大会，最大限度地实现了集企业产品营销、推广、销售、服务于一体的新型商贸流通产业链，最终成功搭建了电子商务企业—供应商—消费者—服务商的商业流通模式。在此基础上，当地中小外贸企业在跨境商品交易过程中，应当将侧重点向小单、多种交易模式方向转变。在传统的国际贸易过程中，通常情况下企业不愿意接受一万元以下的小订单，他们认为一万元以下的小订单议价成本比较高，并且商品的利润较低。同时，在物流运输方面，往往也只是通过比较简单的集装箱来拼柜，实际上这种模式手续异常烦琐。但是，这种小订单仍是现阶段乃至今后很长一段时期内的主流贸易

方向。随着小订单在传统外贸中的比重不断攀升，预计在今后几年时间内，传统中小外贸企业全面走向电子商务化是时代发展的必然趋势。因此，当地中小型外贸企业需要重新重视这一问题，借助跨境电子商务平台等各方的技术优势，专注于小订单的外贸出口服务链条，力求为每一位客户提供全方位、优质的服务。无论是小批量、碎片化的订单，还是单件商品，企业都应当提供一种全过程、一站式的服务，包括小订单的报关、出口物流打包、收汇等。

（二）做好国外市场调研并注重人才团队建设

跨境电子商务交易不同于国内传统的电子商务，跨境电子商务的市场及服务对象遍布全世界，差异性异常明显，如各地区消费者习惯、喜好的差异，当地社会风俗与文化的差异，各国家、地区间法律法规和政策方面的差异等。这就要求我国跨境电子商务企业要积极做好市场调研活动，最大程度地保证信息的对称性和流通性，从而达到规避企业经营风险的效果，以避免遭遇知识产权、商业纠纷等一系列问题。除此之外，长三角地区中小外贸企业还应该组建跨境人才团队。跨境电子商务市场贸易环境下，企业之间的贸易竞争归根结底还是经济、知识和人才的竞争。虽然跨境电子商务平台为企业提供了许多传统模式下所不具备的优势技术服务，但是随着国际贸易形势的日趋严峻，江浙沿海地区的中小型出口贸易企业应当进一步优化内部结构，通过相应的调整，逐步探索出真正适合其企业发展的人才结构，并严格选派骨干人员参加跨境电子商务业务培训。同时，当地的企业还可以与周边高校进行合作，并积极与高校建立一种关联机制，这样不仅充实了企业自身的人才储备，同时也扩大了企业在周边的影响力。

（三）创新并完善跨境电子商务物流模式

首先，持续性地推动跨境物流网络协同。对此，我国政府与企业可以借鉴亨克（Henk Akkermans）所提出的影响物流网络协同效应的 23 个因素等相关的研究，如重点关注物流供应链管理层面，具体可包括物流运作流程的复杂性、全球化、企业战略、协同意愿等系列因素。我国长三角地区是我国现阶段跨境电子商务贸易发展程度最高的区域，在发展水平上领先于全国大部分地区，其中一些成功的发展经验值得其他地区学习和借鉴。例如，在跨境电子商务物流的运营和管理层面上，通过整合各类资源，实现统筹规划，应综合考虑跨境贸易货物的接单、贴标、装卸等。只有将支付、报关、纳税和售后服务等环节整合在一起，才能将国家政策、行业规程贯彻落实。

其次，大力发展区域内混合跨境物流模式。在第四方物流体系还不够健全、成熟的前提下，可自主探寻出一条适合区域内现阶段具体发展需求的市场运营模式。因为跨境电子商务与跨境物流均属于较为复杂的运作流程，但是跨境物流模式又不同于传统的固定式物流模式，它所面对的是全球市场，这也直接决定了其区域性限制要素。简单来讲就是指，一种物流模式可能适用于 A 地区，但不一定适用于 B 地区。因此，混合式跨境电子商务物流在具体实践中，应至少采用两种跨境物流模式，比如，物流专线＋海外仓、国际快递＋海外仓、物流专线＋海外仓＋边境仓等。此外，我国还可以在物流体系内部结构上予以适当调整，如推动物流外包化和物流本土化等。

最后，跨境电子商务作为一种市场经济时代下的新型贸易模式，凭借着其独有的交易模式和经济增长点，在我国商贸流通业发展领域中的市场导向作用越来越显著，并展示出巨大的市场潜力和生命力。跨境电子商务已然成为电子商务的一个重要分支，特别是在促进国内进出口贸易、满足人们日常生活需求方面，其发挥着不可替代的作用。在肯定跨境电子商务发展成果的同时，我们也应当了解其中存在的矛盾和问题，如跨境电子商务监管体系不全、结汇方式不合理等。我们只有正确认识跨境电子商务，才能推动跨境电子商务高质量发展。

第五节　区块链技术与跨境电子商务

一、区块链技术助力跨境电子商务业务的开展

我国境内电子商务技术与商业生态不断成熟并逐步迈向世界领先地位，这为跨境电子商务的发展带来了重大机遇。但目前，基于中心化系统的电子商务模式远不能满足跨境贸易的发展要求，因而其在多方协作、产品溯源、支付风险防范及贸易融资等方面仍面临着巨大挑战。区块链技术作为共享账本，以其支持点对点交易、不可篡改等技术优势出现在公众的视野，为解决跨境电子商务业务发展所面临的问题提供了新思路。

（一）传统跨境电子商务存在的问题

1.传统跨境电子商务的交易复杂度高

跨境电子商务不仅是个人、企业之间的交易，更是国家与国家之间的交易。因此，在贸易环节上，跨境电子商务比境内电子商务的交易复杂度更高。由于需要监管部门、检疫部门、海关部门、审计部门、交易双方、物流方等多个部门和主体参与，跨境电子商务在交易审查、对账、货物通关等方面会花费大量的时间、人力和物力，从事跨境电子商务的企业除应对物流延迟等不利因素之外，还要负担烦琐环节导致的高贸易

成本。

2.传统跨境电子商务的产品溯源难度大

在跨境贸易中，产品溯源有必要但难度大。对于传统跨境电子商务来说，跨境贸易是将本国有比较优势的产品出口，例如，我国出口的制造业、纺织业产品，俄罗斯出口的琥珀、钻石等，都是具有一定市场优势、竞争力强且带有国家特性的产品。但一些不法商家利用跨境贸易的地域、时间和文化的差异性，以及进口国对产品生产情况、产品质量、产品溯源等信息不了解的情况，出口假冒伪劣商品，欺诈消费者，获得高额利润。例如，日本“核污染区”食品出口到中国、个别商家销售的海外商品实为偷换产地标签的产品等情况，此类不法行为不仅损害了消费者权益，而且也污染了跨境电子商务的良性发展环境，甚至可能引发国际纠纷。

3.传统跨境电子商务的支付风险较高

跨境电子商务所涉及的贸易双方的距离一般较远，发货与收货的时间差较长，再加上各国外汇管制政策松紧不一，因而目前主要的跨境支付手段一般不能满足及时到账的需求。因为汇率的波动是瞬时的，所以会在一定程度上增加款项收付方的外汇敞口风险和汇率波动对企业日常经营所带来的风险。

4.贸易融资门槛高

从事跨境电子商务的企业往往以中小企业为主。目前，我国的中小企业因自身缺少保证金、抵押品及信用评价，在贸易融资、出口退税融资等方面面临着门槛高、审批周期长等问题。此外，大部分中小企业在申请融资时需要提交多方出具的信息证明资料，因此金融机构在核验信息真伪时也需要花费大量的人力和财力。

区块链是一种基于对等网络的分布式数据库系统。它的数据采用分布式存储的方式，其逻辑结构是由具有时间顺序、前溯验证特性的信息块组成的链式结构，每个信息块都是由一段时间内的交易集合加盖时间戳形成的。

从信任的角度来看，区块链实际上是用数学方法解决信任问题的产物。过去，社会的有效运行主要靠制度建立规则，进而形成信任并依此规范和引导社会成员的行为。区块链技术的运用基于共识的数学方法，在机器之间建立信任并完成信用创造。区块链技术通过非对称密钥解决所有权信任问题，基于区块链的技术优势确保其在价值转移过程的安全信任，并通过智能合约解决信任执行问题，最终保障账本中记录信息的真实性、客观性和独立性，即区块链有共享账本、不可篡改及支持点对点交易等特质。这些特质说明了区块链技术能够解决跨境电子商务存在的问题。因此，区块链技术与跨境电子商务的融合具有天然基础。

（二）区块链技术在跨境电子商务应用中面临的挑战

虽然区块链技术在跨境电子商务的应用方面有着独特优势，但该技术在应用初期也存在着技术、人才和法律等方面的挑战。

1.数据信息安全面临新挑战

区块链通过自身的技术优势较好地实现了信息追溯及共享，但私钥的保管、不同节点权限的设置、系统的抗攻击性等也给信息数据的安全问题带来了新的挑战。例如，私钥丢失会导致区块链上资产所有权的丧失，给交易主体乃至监管部门带来无法挽回的损失。

如何利用创新性思维，在充分发挥区块链技术优势的同时，既满足商业逻辑隐私的需求又能便于客户使用，是区块链技术应用于跨境电子商务领域时需要考虑的一个重要问题。业内人士应考虑如何将区块链技术与其他新技术融合以解决身份确认与信用管理的问题，从而能够为跨境电子商务提供“一站式”支持。

2.需要拥有复合型知识结构的团队

在区块链技术应用过程中，价值交换依托物理主体、底层技术环境的变化，交易主体知识结构的失衡等因素都会影响价值交换方式的设计与实现。因此，由区块链、各领域的专家组成的复合型人才团队将有能力清晰定位本行业最核心的问题，有实力运用区块链的前沿技术和创新性思维，创造性地构建基于各种价值及交换形式的业务逻辑和智能合约，从而切实提高区块链技术在跨境电子商务领域的实用性和可操作性。

3.需要创新监管举措，推进新业务模式落地

长远来看，采用区块链技术重构跨境电子商务贸易和支付等模式需

要解决一些法律法规层面的问题。这就要求监管部门既要解决商业模式存在的不足，又要为区块链技术和跨境电子商务的发展创造相对宽松的法制环境，避免过度监管。因此，监管部门应考虑利用监管沙盒等创新监管举措推进跨境电子商务新业务模式的落地。

（三）区块链技术在跨境电子商务中的应用建议

1.区块链的共享账本可以实现多部门信息同步

区块链的本质是分布式记账。每笔交易的确认和区块的生成，都由系统中的相关节点参与验证、协调和同步，从而确保各节点账本的准确性和一致性。多个节点都保存着完整的区块账本，省去了对账和审查环节，账本可以以密文形式保存相关交易信息且不影响真实性核验，从而保护了商业秘密。

以前在跨境贸易中，企业信息流串行流转于多个部门之间，传递时间长，进而导致信息不能及时同步。区块链的共享账本可以让企业信息流由串行流转变为并行流转，使多部门的审查机制得到完善，极大地压缩了信息串行流转和核对审查的时间。同时，区块链共享账本的签名机制可以赋予不同部门以不同权限，去审查不同信息，以更好地保护企业信息，防止信息泄露。

2.用区块链不可篡改的技术解决产品溯源问题

对于跨境电子商务遇到的产品溯源问题，可以利用区块链的不可篡改技术将产品的产地、生产过程、运输过程等相关信息打包，以明文或者密文自动广播的方式发送到整个系统中。区块链的分布式特点能够使多个节点都保留完整的账本，单个节点试图对交易数据进行修改的操作不能改变网络中其他节点的账本内容。区块链后续验证的链式结构使后来写入的区块依次不断地强化了前面区块的内容，进一步增强了其不可篡改性，因此产品卖出方的货物生产和流转信息会受到平台相关节点的验证和确认，解决了跨境交易的诚信问题。比如，在产品源头真伪的问题上，可以利用品牌商资质进行源头保障，利用区块链技术和物联网技术打通品牌商、物流、政府、检测机构之间的信息追溯屏障，对商品原材料采买过程、生产过程、流通过程、营销过程的信息进行整合和追溯，真正跨越了跨境电子商务中品牌商、渠道商、零售商、消费者之间的鸿沟，而且可以精确到一物一码或一批次一码。

3.用区块链点对点交易的特性防范支付风险

区块链实际上是用数学方法解决点对点交易的信任问题，即通过数字签名解决所有权信任问题，通过非对称加密解决信息真实性和完整性问题，通过未使用的交易输出（Unspent Transaction Outputs，UTXO）结构设计解决价值转移过程中的信任溯源问题，通过智能合约解决信任强制自动化执行的问题，并基于共识的数学方法在机器之间建立信任并完成信用创造，使任何中介都无法过滤或者延迟交易，最终保障点对点交易后共享账本中记录信息的真实性、客观性和不可篡改性。

针对跨境电子商务的支付风险问题，交易方可以充分发挥区块链支持点对点交易的优势，解决由于中介存在导致的跨境支付时滞和汇率波动所带来的交易风险。网络中点对点的交易机制能够缩短交易结算时间，交易方仅需花秒级的时间就能完成跨境支付，且没有外汇兑换手续费，避免了汇率波动带来的损失。

4.用区块链技术缓解中小企业贸易融资的问题

中小企业在进行进出口供应链融资时，往往缺少货物抵押和及时的信用凭证。银行系统对其放贷时需要核查各种贸易要素、法人信息等的真实性，还需要与工商、税务、监察等部门进行交叉信息校验，这就使得验证信息的真实性需要花费大量时间，验证流程也要耗费大量的人力。利用区块链的不可篡改性和共享账本，可以优化企业授信审核的过程，更快地实现企业融资放款，降低中小企业因资金没有及时到位带来的经营成本和经营风险。

二、区块链技术与跨境电子商务支付

跨境电子商务是以分属不同关境的交易为主体，通过电子商务平台使双方达成一定协议，进行支付结算，并跨境运送商品从而完成交易的一种商业活动。如今跨境电子商务迅速发展，并逐渐影响着世界经济的走向。跨境电子商务的出现大大缩减了电子商务企业与国外顾客的交易成本，简化了交易流程，并直接有效地加快了资金的周转速度，为世界提供了一个高效的跨境贸易通道。近几年，我国为了促进跨境电子商务的发展壮大，不断出台新的扶持政策，这使跨境电子商务的发展速度不断加快，并迅速成为我国进出口贸易新的增长点，也成为国际贸易的新方式，不断改变着传统国际贸易格局，且承担着我国贸易转型的重要使命。跨境电子商务作为新兴的贸易方式，有着巨大的潜力。

（一）跨境电子商务支付模式的现状及问题

1.跨境电子商务支付模式的现状

近几年，随着经济的发展，一种新兴的跨境电子商务模式在我国以迅雷不及掩耳之势迅速扩张并发展壮大，至 2019 年，我国的跨境电子商务交易额已高于 10 万亿元。目前在我国，用户跨境支付的方式主要有信用卡在线支付、网银支付、第三方平台支付这三种，但是这三种支付方式都有不足之处，如第三方支付平台容易被盗用、有高额的手续费、账户安全性不能得到充分保障，以及很容易就会产生交易不流畅等问题。目前一些普通的跨境支付手段已经不能够满足现阶段用户对贸易的需求，且在一定程度上存在着安全隐患。

2.跨境电子商务支付模式存在的问题

对于跨境电子商务交易，国内与国外有很多标准具有差异性，国内用户对其了解不够，就会导致跨境电子商务支付出现诸多困难。另外，跨境电子商务主要作用于境外，由于各国国情不同，其在管理上也出现很多困难，这些安全隐患对跨境电子商务的支付造成了严重的威胁。跨境电子商务支付模式存在的问题主要有以下两方面：

（1）无法实现正常监管。跨境电子商务支付大多在互联网上进行，一些方式安全性不高，容易造成资料和信息被篡改等现象。而且跨境电子商务由于某种特殊原因，国家无法对其交易的真实性进行监管，因而会造成交易过程没有监管的局面，使其存在安全隐患。

（2）网络交易缺乏安全性。我国计算机信息技术和网络技术的快速发展给跨境电子商务的支付提供了一定的技术保障和安全保障。但是由于是境外交易，国内的支付业务在国外能否长久保存是一个问题，如果不能保障支付的稳定性，还是无法保障跨境电子商务的支付安全。第三方支付平台拥有大量客户和企业的信息、交易记录，它的安全如果不能得到充分保障，就会受到黑客入侵，很容易造成用户信息泄露、交易数据被篡改等问题，会对社会、经济造成极大的损失。

（二）区块链技术对跨境电子商务支付系统的意义

1.降低信用风险

区块链技术可以利用自身的特性，不断优化支付系统，能够最大限度地降低支付过程所带来的信誉危机。使用区块链技术，客户与企业的交易信息会被所属的区块一一记录下来，并且实时更新交易流程。企业能够及时获得自己所需信息，同时获得安全保障，商品信息、物流信息也能得到及时反馈。在区块链技术的支付模式下，交易过程的真实透明，能够有效地解决信息不对等、信誉危机等带来的种种问题。

2.提高支付效率

区块链技术可以最大限度地简化支付流程，使支付过程、支付方式自由化，并且能同步数据，提升结算效率，加快资金流通速度。跨境电子商务支付通过构建区块链支付平台，可以降低支付成本，减少中间商的差价，这对跨境电子商务行业的发展有着极大的促进作用。

3.防范支付风险

区块链技术通过特有的算法在支付方式中建立起一种相互信任的模式，保障了交易信息的安全性、真实性、不可篡改等特点。同时，也能够使配送环节智能化，降低了风险，提高了安全性，为跨境电子商务支付提供了一个可靠的保障。

（三）区块链技术应用于跨境电子商务支付所面临的挑战

区块链技术虽然在很大程度上推动了跨境电子商务的发展，但是在许多方面仍然面临着挑战。例如数据信息安全仍然需要不断加强和改进，现行法律制度的制约，人才的缺乏等，这些都是区块链技术今后仍需攻克的难题。针对个别难题，逐个攻破，能够使区块链技术得到更深层次的应用，推进经济的迅速发展，提高跨境电子商务的市场竞争力，为跨境电子商务提供一个安全可靠的交易环境。

区块链技术虽然还在初级阶段，但是已经对跨境电子商务的发展起到了极大的促进作用，虽然一些技术问题和现实问题仍然存在，但是随着社会的发展，这些问题都会渐渐被解决。我们应不断改进区块链技术，促进其不断发展，为推动我国跨境电子商务的发展和我国经济的发展提供新的动力。

三、区块链技术的跨境电子商务产品的信息追溯

随着国际互联网技术的不断发展，跨境电子商务得到了迅速发展。然而，在我国跨境电子商务飞速发展的同时，也产生了一系列制约其未来长远发展的问题，尤其是跨境电子商务交易过程中产生的信息不对称、产品信息追溯难以解决等，这些问题很难通过国际贸易市场通常的监管手段来解决。近些年我国区块链技术日益成熟，为我国解决跨境电子商务中的信息不对称等问题提供了解决思路。

（一）跨境电子商务产业链信息追溯问题现状分析

近年来，跨境电子商务作为新兴业态正在我国蓬勃兴起，截至 2019 年底，我国海关跨境电子商务管理平台数据显示，我国跨境电子商务零售进出口总额达到 1 862.1 亿元，年均增速 49.5%。随之出现的是一系列产品信息追溯问题，根据业界研究显示，退换货、商家信用、交易信

息安全等是国内消费者最关心的问题。而以上这些问题，是跨境电子商务产品信息追溯问题难以解决的，甚至是我国主流跨境电子商务平台都无法解决的。

目前，市场主流的产品信息追溯技术是二维码识别、条码识别、近场通信等技术，以上技术能够确保追溯信息的完整性、数据采集的高效性、准确性及可行性，可实现数据的快速、准确采集。但是以上信息追溯技术满足不了跨境电子商务消费者最迫切的需求——真实性。传统的产品信息追溯技术很难实现生产、销售等整条产业链的打通，其只停留在某一环节，且各个环节之间没有衔接。

（二）跨境电子商务产业链信息追溯问题研究

区块链技术采用分布式存储技术，实现了使用者和得益者合为一体的要求，也可以防止信息篡改和供应链产品信息监管的真空化。

现有的跨境电子商务消费者对产品信息追溯的需求主要集中于食品行业，如进口奶粉的信息追溯，这有利于提高消费者对产品的信赖感和安全感。如果商家在食品生产的每一个细节性供应链问题上都使用区块链技术，不仅可以防止产品信息被篡改，还能够以更安全的方式进行射频识别技术的应用，以实时跟踪、更新产品信息。

去中心化的区块链技术，使每一个使用者都可以随时随地查询全部数据和下载全部数据。分布式结构的区块链技术，决定了系统中的信息不存在中心节点，避免了跨境电子商务平台使用网络中心节点存储大量数据、占用大量资源的情况，实现了全平台信息的公开和透明，以及全部使用者的集体维护。由于大数据的应用，跨境电子商务平台拥有平台消费者和供应商的全部相关数据，因此其具备连接上游供应商或生产商与下游消费者的天然优势。平台能够利用上述优势建立比较完备的区块链系统，并将生产、流通、消费各个环节的参与者纳入其中，将各个环节的参与者变成区块链系统的拥有者和得利者。同时，平台可利用物联网技术将跨境电子商务平台上产品的原产地信息、生产日期、生产原料信息、运输流通信息、零售终端信息等全部归档至区块链系统中，保证以上商品信息在跨境电子商务平台中无法被篡改，从而保证消费者查询到的信息准确无误。

物联网和区块链技术融合为一体后，消费者能够通过跨境电子商务平台，向系统发出查询产品信息的请求。物联网—区块链系统可以通过跨境电子商务平台向消费者个人反馈产品信息。在这一系统中，生产企业和运输企业不仅接入了物联网—区块链系统，而且能够查看、下载这一系统的信息区块。在这一运行过程中，跨境电子商务平台起到了承上启下的作用。首先，平台负责构建和维护物联网—区块链系统；其次，平台能够将所有供应链上的参与者变为物联网—区块链系统的参与者，并能够让所有参与者都利用区块链技术分布式的原理进行产品信息的使用和集体维护，最终达到防止产品信息被篡改的目的。

对跨境电子商务平台产品的信息追溯，需要市场执法监管部门的监督管制，与此同时，平台要接受社会道德、法律、市场监管机制在平台的区块链系统中的合理运行。只有通过海关、市场、执法相关部门等的监督、检验，跨境电子商务平台的区块链系统才能够在消费、供应、运输等环节正规化运行，从而保证区块链系统中的所有参与者能够实现共赢。

需要指出的是，区块链技术的跨境电子商务平台的产品信息追溯问题的模型是通用的，可用于各种模式的跨境电子商务平台。然而，互联网技术的漏洞是不可避免的，物联网和区块链技术都是基于互联网技术发展起来的，因此，在系统模型运用到实际的过程中，我们所能够做的就是尽量避免系统安全漏洞的出现。在运用区块链技术进行真实跨境电子商务平台产品信息溯源时，我们需要不断地对该技术进行修复和完善，最终，我们将实现区块链技术在保证消费者安全和优化消费者购物体验方面的目标。

第五章　信息时代背景下大数据与电子商务的创新模式研究

第一节　大数据时代下的电子商务服务模式

随着信息技术的发展，大数据时代随之到来，大量信息在人们的生活和工作过程中穿梭，电脑对信息的分析和处理能力不断提高，进而使这些信息渗透到各个行业、领域中，并成为了当前社会重要的生产因素。人们在生活过程中会产生大量数据，电子商务企业通过对这些数据的收集、分析和处理，能够大致判断消费者的消费需求，进而在消费者消费时提出更好的推荐方案，使其得到消费者的信任和喜爱。但是随着时代的发展，传统的电子商务服务模式已经不符合时代的需求，所以电子商务服务模式的创新和改革势在必行。

一、大数据时代下电子商务的发展趋势

电子商务的出现打破了传统的交易模式。电子商务不需要面对面也能够满足消费者的购物需求，消费者只需要通过网络平台就可以进行消

费，这样的方式不仅方便，还安全可靠。当消费者在网络平台上进行检索、搜集信息时必然会与大数据产生一定的联系，电子商务也因此迎来了新一轮的创新，企业的经营理念和模式逐渐数据化。

在分析消费者需求这一方面，电子商务平台可以将消费者的消费记录进行统计分析，这要比传统的市场调查方便很多。当然大数据时代给电子商务带来的不仅仅是便利，同时还有稳定的资源。各个电子商务企业在整个产业链中设置专业的技术人员处理数据，能够更准确地分析消费者的消费习惯，从而使企业得到更好的发展。

二、大数据时代对电子商务产生的影响

电子商务的服务模式主要依托于电子信息技术，它将传统面对面的交易模式转移到了开放的网络平台中，因而在交易过程中更加方便、快捷、安全。近几年很多行业巨头都有过开放数据蓝海的想法，以达到资源共享的目的。以全球知名的沃尔玛公司为例，这家公司已经掌握了超过两千万亿字节的数据，数量是美国国会图书馆的藏书总量的 200 多倍。在这些数据当中，大部分都是客户的消费记录和详细的消费信息，沃尔玛公司通过对这些数据的分析，可以判断出消费者的消费习惯，从而针对消费者进行个性化服务。由此可以看出，数据对于各个行业是十分重要的。

大数据时代电子商务服务的创新也需要遵循相应的原则。电子商务

企业能够根据数据分析出消费者的消费习惯，这证明了互联网的重要性，对此企业应该制定以互联网为基础的经营策略，创造科学合理的管理模式，重视互联网技术的发展。企业只有真正地意识到大数据的重要性，才能利用大数据推动电子商务的发展。

大数据时代，每时每刻都会有信息量庞大的数据，所以对数据的分析和处理工作非常重要，这对于电子商务企业的发展有着重要的意义。数据的分析和处理工作包含对数据的收集、分析、整理和运用等方面，做好数据的分析和处理工作能为企业决策提供有力的依据。另外企业在发展过程中还应吸纳更多的专业型人才，培养高端的电子商务人才，这样才能提高自身的理论能力和实践能力，为电子商务服务模式的创新带来保障。

三、大数据时代电子商务服务模式的创新策略

（一）强化数据导购

大数据时代的出现，从根本上改变了企业的数据收集方式，提高了数据收集能力，方便了企业用信息技术对消费者的消费行为进行分析。例如消费者在浏览商品信息时留下的历史记录、在查找商品种类过程中留下的历史痕迹，这些数据对于电子商务的服务模式创新具有重要的意义。电子商务服务模式的创新应该建立在数据的基础之上，对这些数据

进行合理应用、有效管理，能不断完善网上商城的导购模式。互联网的发展能够很好地保存数据，提升数据的实用性，电子商务企业可以根据这些数据为消费者提供个性化的导购推荐。例如，网络平台可以通过分析消费者的消费信息，给消费者推荐类似或者相关的商品。

总之，根据消费者的消费信息进行数据导购，对电子商务服务模式的创新具有非常重要的意义。数据导购能够提高电子商务企业的服务质量，让企业受到广大消费者的喜爱，并且赢得消费者的信任。

（二）保证商品运输的速度

虽然电子商务打破了传统的交易模式，无需面对面进行交易，但始终还是需要将商品送到消费者手中的。在这个过程中，物流起到了很大的作用，物流速度的快慢直接影响着消费者的购物体验。因此，一定要保证物流速度，确保给消费者带来良好的购物体验。商家可以根据消费者所在的地区、购买商品的大小，为消费者选择合适的物流方式，并计算出运输时间，提前通知消费者。这样不仅可以让消费者拥有良好的购物体验，还能使商家在一定程度上节省运输成本。

（三）对服务模式进行垂直细分

为了使企业能够更好地发展，电子商务企业可以将电子商务与大数据适当结合起来，建立垂直细分的服务模式，把消费者的需求和市场的发展情况进行综合统计，构建细分品牌的经营模式。在当前的电子商务市场中，淘宝和京东占据着较大的市场份额，但这并没有阻碍其他电子商务企业的发展。比如苏宁易购、酒仙网等一些电子商务网站经过合理的经营管理，同样得到了很好的发展，取得了一定的成效。最重要的原因就是这些小型电子商务网站能够充分、有效地利用大数据提供的资源，给广大消费者带来良好的购物体验。同时有些企业重视细节的处理，创建出了某一专业领域的销售网站。比如酒仙网，酒仙网在分析数据的过程中，根据其产品的特性着重分析了消费者的年龄、地域分布等相关数据，从而为消费者提供优质的服务，使消费者拥有良好的购物体验，进而促进了其自身的发展。在现阶段采用垂直细分服务模式的电子商务网站都有一个普遍的特点，就是规模小，其能够充分利用大数据带来的便利，及时发现某一空白领域，并抓住机会，迅速崛起。由此可见，对电子商务的服务模式进行垂直细分是十分必要的。

（四）强化数据服务模式

在大数据时代，任何与消费者相关的信息对企业来说都是至关重要的。以数据为依据是企业开展商务活动的重要基础，企业一定要贯彻落实对消费者一手消费资料的掌握工作，强化数据服务模式，这对电子商务服务模式的创新同样有着重要意义。企业在分析消费者的相关数据后，要能清楚了解消费者的消费倾向和消费习惯等，并将其转化成资源，创新数据服务模式。同时大量的信息资源也能够优化企业的营销思路，更好地促进企业的发展，以及促进大数据时代下电子商务服务模式的创新。

总的来说，在大数据时代，电子商务的发展离不开数据处理的相关技术。随着科学技术的进步、时代的发展，每天都会涌现出大量的信息，为了使企业良好地发展，我们要抓住机会。同时，要把大数据时代的技术优势和电子商务的发展趋势进行结合，从而更好地创新电子商务服务模式，以提高企业的经营水平，为企业带来收益。

第二节　大数据背景下的网络营销模式

随着网络的飞速发展，特别是基于互联网技术的大数据时代的来临，网络营销及其相关电子商务市场得到了空前发展。伴随着网络营销领域自身大数据化的形成与发展，大数据营销将赋予电子商务中的网络营销一个全新的推动力，作为电子商务企业，不应再简单地依靠传统营销的经验进行决策，企业应该更加精准地找到客户，降低营销成本，提高企业销售量，增加销售利润，并及时对销售市场进行细分，实时地整合客户信息，以实现与客户一对一互动。可以说，大数据营销是大数据背景下一种新型的网络营销模式，将是“大数据时代”市场营销的主流营销模式。

一、网络营销模式中存在的问题

面对互联网中海量的商品信息、客户信息，目前的网络营销模式存在一些问题，主要表现如下：

（1）在操作实践中，网络营销决策过度依赖过去的经验，而缺乏对客户与消费市场的深入了解，这往往会使营销决策具有较大的盲目性，并且，相关的营销效果也难以量化，成本难以控制。

（2）许可式电子邮件是依赖邮件的数量和庞大的目标客户群来达到营销目的的，而忽视了对邮件客户的喜好、生活习惯、消费行为等进行数据分析，这样会导致企业对客户作出错误的判断，从而会丧失大量的潜在客户。

（3）许可式电子邮件营销、微博营销、微信营销只是单向的沟通方式，没有和客户建立双向协同的关系，这难以实现产品和客户的精确营销。在以客户为中心的今天，更加需要个性化、精确的产品定位与服务，需要将产品和服务在合适的时间与地点传送给合适的人，而这是目前的网络营销模式难以达到的。

（4）营销管理缺乏对客户相关数据的挖掘和分析，获取客户数据方式相对较为被动，较少利用互联网技术来获取客户数据，这会使得企业只能借助于第三方机构获取客户的相关数据，因而难以客观地分析出客户的真实意图和需求。

二、网络营销模式对大数据分析的需求

大数据，又称巨量资料，是指通过新型处理模式取得的，具有更强的决策力、洞察力和流程优化能力的海量、高增长率和多样化的信息资产。网络营销模式引入大数据分析，将有效地解决数据难以精确营销的问题，满足网络营销模式对大数据分析的客观需求。

传统的商务运营管理，由于商务数据是分散的，所以往往难以适应复杂的营销数据环境。在大数据时代，我们可以通过对大数据的分析，采集真正有价值的数据，并充分应用这些数据，借助于大数据分析技术和策略对这些数据进行高效深入地分析，以获得高价值的客户信息。企业对客户进行精准高效的定位，能够实现营销价值，同时还可以节省交易成本。

随着社会经济的发展和个人收入的增加，人们更加强调个性化的交易需求，特别是随着互联网技术的飞速发展，建立在互联网基础上的电子商务技术可以为商家和客户访问提供实时的网站搜索、收集与整理，这可以更好地为客户服务，并促成其购买行为。

三、在大数据背景下的网络营销模式方式分析

大数据营销，又称数据驱动型营销，主要是以驱动客户高效参与，

实现一对一的精确营销为目标，通过搜集、分析、执行经大数据处理得到的结果，并以此描述客户参与、优化营销和评估内部责任的过程。大数据背景下的网络营销模式新型的管理方式主要有以下几种：

（1）整合营销管理：整合营销管理是在网络营销中，将相关数据、业务流程、人力资源、交易渠道和技术等进行合并和简化，并进行数据库集成，以形成全部营销资源数据库的网络共享。这种方式实时地整合了各类交易数据，并在第一时间将其提供给商家与客户，在商家与客户之间建立实时沟通的桥梁。

（2）市场运营管理：大数据营销需要一个含系统规划管理，并具有市场运营执行力的结构框架。在运营管理中，通过对大数据的统计分析，可实现市场动态调查、分析与管理，为市场运营管理提供可靠的动态信息源。

（3）客户互动管理：大数据营销通过互联网、移动终端、社交网络等多元化的模式实现客户信息管理，利用先进的分析方法、营销沟通的特点，与客户形成了良性的互动管理，并最终在客户和商家之间建立了更有益、更长久的双向互动关系。

（4）数字信息与数字营销管理：数字信息涵盖了所有靠互联网技术实现的营销方式，数字营销则是一种依靠高科技的、双向的营销方法，它们为预测客户需求、建立商家与客户之间的动态交易信息，提供了可靠的数字信息平台，为商家与客户提供了更多的互动机会。

随着大数据时代的到来，特别是网络技术的飞速发展，电子商务交易可以通过对大数据分析，以及应用相关的数据挖掘工具，来实现对有价值的商务数据的采集，并借助于大数据分析技术和策略进行精准高效的客户定位，从而更好地推动网络营销模式的更新与发展，以满足现代新型商务活动的需求。

第三节　大数据技术与电子商务的 C2B 模式

近年来随着我国互联网基础设施的不断完善，我国互联网经济得到了迅猛发展并取得了辉煌成就。互联网电子商务中，最受投资人和消费者欢迎的一种商业模式就是消费者到企业（Customer to Business，C2B）模式。这种模式能够较好地满足当前消费者个性化的需要，在家电、家具及服装行业取得了较好的效果。在 C2B 模式的运行过程中，数据起着至关重要的作用。运用大数据技术对获取到的消费者信息进行分析，可以准确预判消费者的真实需要，使商家有针对性地改进产品以满足消费者的实际需要。

电子商务涵盖的范围实际上非常广泛，一般情况下借助互联网实现的商业活动可统称为电子商务。在实际的应用中，电子商务可以分为两个部分：一是借助互联网开展的服务或贸易；二是对传统的商务模式进行互联网化的改造。其中最能代表电子商务发展和形成过程的是互联网服务和贸易的发展。相关的企业创造了多种电子商务商业模式，如B2C、C2C等。当前阶段最受电子商务领域人士喜爱的商业模式是C2B模式，这一商业模式的理念是借助相关的技术来实现零碎的单个消费者的聚合，最终形成一个数据量庞大的采购订单，进而改变消费者在消费过程中单个消费数量少、价值低的局面，使企业能够以批发价将商品出售给消费者，进而使消费者和企业都获得更大的利润。

一、C2B模式探讨

（一）C2B预售定制和模块定制

在C2B的商业模式中，生产和消费的顺序进行了转换，企业是在明确消费者的消费信息后进行生产的，甚至企业在生产之前就已经得到了自己将要出售的商品的一部分销售款。这种商业模式对企业来说，避免了产品的积压，从资金到库存等多个方面降低了企业的生产成本。目前C2B模式应用得非常成功的商业代表是各种类型的团购网站。

C2B模式产生伊始主要是为了满足消费者独特的个性化需求。这种模式的一个特点是具有非常强的市场指向性。以家电生产为例，在C2B的商业模式中，消费者可以指定自身想要的家电内部的一系列配件和功能模块，生产企业在接到消费者的订单之后依据订单的要求进行生产。

这种生产模式对于企业生产线的要求较高，此外，由于大部分的消费者对家电内部的认知有限，因此很难将自身对家电的要求转变为对实际发挥作用的家电功能模块的要求。根据现阶段一些企业的实践，消费者更多的是对企业提供的多样化的内部配套模块进行一个自我认知范围内的简单组合。这种模式的发展成熟还需要一定时间。

（二）C2B 众筹定制

众筹定制模式实质上是指制造商同潜在的消费者进行深入的沟通和交流，明确潜在的消费者对自身产品某些特性的要求，进而在产品的研发和设计的过程中对潜在消费者的要求予以满足。这种商业模式应用得最成功的企业是小米科技有限责任公司。小米科技有限责任公司通过产品经理同广大“米粉”的交流，明确了当前市场上潜在消费群体对手机性能、外观等多个方面的期待和要求，进而将相关要求和期待作为研发和设计的目标。这种商业模式不仅对于企业利润的提升有着非常重要的意义，还能有效地减少企业生产产品的库存，进而节约企业大量的生产资源。

二、大数据技术在 C2B 模式中的应用策略

企业同消费者之间因彼此利益而长久地进行着斗争。在过去的很长时间里竞争的优势方是企业，但是随着互联网技术的迅速发展，信息已

经实现了真正意义上的无阻挡传播。消费者能够几乎零成本地获取各种类型的信息，因此这场竞争中的优势方逐渐成为了消费者。在当前的市场环境中，消费者群体的评价对交易的影响是巨大的，因此企业在发展的过程中树立自身在消费者群体中的良好口碑是非常重要的。消费者口碑的出现不仅意味着消费者在消费时有更多的参考意见，而且表明了消费者能够通过互联网成为一个“联盟”性质的群体。

在现实中，推进电子商务 C2B 模式的困境在于互联网上的信息过于庞大，无法有效地整合信息，从而无法在信息之中归纳出潜在消费者的需求。大数据技术有利于解决这些问题，它能够对市场上海量的数据进行有针对性地分析并得到正确的结果，这一结果能够对企业的生产起到较好的指导作用。现阶段真正能够采用大数据技术实现对信息的收集和处理的是像阿里巴巴这样的大公司，这些公司能够根据其在自身的平台上获取的信息，经过大数据技术的处理形成消费者画像，有针对性地向不同画像的对象推荐自身平台上的产品，极大地提升了广告投放的价值。在 C2B 商业模式中践行大数据分析技术需要重点把握以下两个方面：

（一）以消费者为中心

大数据分析的前提是具有大量的消费者信息，即大数据分析的前置条件是拥有足够的消费者的信息。因此电子商务公司使用 C2B 商业模式的第一步就是珍惜每一位客户，耐心地征求客户对自身相关产品的需求，并对从每一位消费者处收集到的信息进行深入总结和概括。在完成一定数量的积累后，电子商务公司才能够采用大数据技术进行分析。因此大数据在 C2B 模式中应用的前提条件是强化电子商务公司对消费者的服务意识，而这项工作的中心也是消费者。

（二）强大的信息聚合和分析技术

进行大数据分析的根本目的是寻找和发现隐藏在数据之中的，对于企业的发展具有价值的信息。这些信息通常有着较强的隐蔽性，毕竟在购买商品的过程中消费者很少明确地表达自己不购买某一件商品的原因。因此企业的营销人员要敏锐地判断导致消费者放弃的原因。消费者购买产品后通常会对商品进行评价，评价的信息之中也隐藏着消费者对产品的更大的期望，这种隐性的需求，对生产厂家进行产品改进和创新具有促进作用。通过对实际市场的运营操作可知，以上这些特征在一些与消费者有密切联系并且畅销的产品上面表现得极为明显。例如在大数据 C2B 模式的基础框架下对汽车座椅的生产分析。此种汽车座椅外形上符合人体工学设计，在功能上具有简单背部、臀部按摩及臀部加热的功能，噪音小，按摩和震动力度轻柔。且此种汽车座椅能被推移到后排位置，方便前排的人与后排座椅上的人交谈、亲密互动等，特别受有小朋友的家庭的喜爱。

三、C2B 模式的未来——大数据定制

电子商务 C2B 模式需要用户主动地参与到产品互动、产品调研、产品预售、产品团购、产品定制中来，所有的这些行为都必须是用户“主动”参与的。为了让用户主动参与到这些过程中来，企业要耗费大量的人力、财力、物力及时间成本，需花一番功夫、费一番心思做好客户的渗透、沟通与互动工作。那么有没有办法能最大程度省去无谓的消耗，利用高科技手段，更智能、更经济、更精准地达到这一目的呢？

阿里巴巴向业界宣布他们可以做到。众所周知，阿里巴巴通过天猫和淘宝等平台积累了大量的交易数据、用户属性数据。通过大数据分析技术，阿里巴巴可以凭借其所积累的坚实的数据分析成果，去指导企业进行产品研发、产品设计、产品生产、产品定价，这时的用户并不需要像原先一样“主动”参与到企业设计的各个烦琐的反馈环节中，而是在不知不觉中促成了 C2B 模式的形成，这样的一种模式可被定义为“大数据定制”。

随着我国互联网技术的发展，电子商务领域的竞争日益激烈，C2B 模式将会被扩展到人们生活中的各个领域，它已成为不少公司突出重围的法宝。

第四节　大数据的线上线下电子商务用户数据挖掘模式

21世纪科学技术和信息化发展的步伐不断加快，在这一发展形式下，电子商务无疑是该时代发展的重要产物，也是推动社会发展和进步的重要途径。在电子商务发展过程中，它的商业价值逐渐凸显，但是其发展也容易受到诸多因素的阻碍，其中线上线下的数据挖掘工作就是典型。若想在应用电子商务的过程中高效收集线上线下的用户数据，就应当借助科学技术手段。

在当前的社会发展背景下，电子商务的发展进程逐年加快，它的实际应用价值逐步凸显。特别是企业内部数据和社交网络的数据交接，使得电子商务的发展体现出爆炸式的态势，使用户数据管理工作的落实极具难度。进入大数据时代，电子商务的发展也体现出了一定的多元化特征。要想更好地应对这一发展形势，并获取更为精准的用户数据，就需要强化自身的数据挖掘能力，这也是大数据发展背景下的重点和难点。笔者基于这一发展形势，将对如何实现线上线下的电子商务用户数据挖掘展开论述。

一、大数据的线上线下电子商务用户数据挖掘分析

（一）数据挖掘过程

在 O2O 用户数据挖掘过程中体现出了一定的自动化特征，特别是在数据搜集环节。很多人在这一环节没有最终的目标，仅是为了获取更多的数据信息以及从诸多的数据中搜集位置信息。在大数据挖掘过程中，要先对大数据信息实施相应的预处理，而后再应用适宜的计算手段，对大数据内容进行解析。

在实际的大数据挖掘过程中，应先解决辨别用户群特征的问题，然后对用户的个人特点进行分析，并以此为基础，获取所需要的数据信息。

笔者对数据搜集方式进行了分析，O2O 平台所搜集的用户数据不仅包括平台交易数据，同时还涵盖着设备终端和社交网络等。这些用户数据的搜集过程体现出一定的流动性，同时，这些数据和信息也在流动中实现着交叉和融合。此时，企业就可以结合数据交易和互动的具体情况，将数据处理分为三个部分，分别为数据抽取、数据准备及数据的转化，这些环节的数据处理质量，可能会对后期的数据挖掘效率产生极大的影响，甚至可以决定数据挖掘工作的成功或失败。

用户的原始数据一般有诸多的噪声数据和冗余信息等，所以，在处理这些数据信息的过程中，企业需要对用户的原始数据进行清晰化处理，

并相应地提高数据提取质量。应用半结构或是结构数据处理方式自动过滤冗余数据，需要提取其中的重点和关键数据内容，提高数据的关联性，凸显数据的实际特性，促使数据实现有机统一，并构成新的数据系统。

数据的应用和挖掘一般会结合商家的实际需要，选择最为适宜的模型系统，实施有针对性的数据挖掘工作。在数据的应用和挖掘过程中，还需要对这些数据信息进行更新，并参照商家的实际需要，总结数据挖掘的模型。笔者对主要的、常用的数据挖掘模型进行了分析，比如，聚类分析、关联分析和类型分析等，这些数据模型都需要根据用户的兴趣、性别及年龄等信息进行数据挖掘，还会被应用到大数据可视化的计算和分析之中，这样才能体现出其实际应用优势和价值。

（二）数据挖掘方式

在数据挖掘的过程中，数据信息可以使商家对自身未来的发展趋势予以明确，而后借助相关的数据分析软件、分析数据变化图，做出精准化的决策和方案。此外，还可以深度挖掘用户的相关数据，总结用户的行为规律。

其中的聚类分析就是对数据所体现的共同点进行分析，对数据进行分类。例如，可以从用户购买力、用户属性及满意度等层面进行分析，发掘出不同客户群体，而后对其社会属性和社会关系予以定位，再逐步对用户中潜在的资源予以发掘，促使用户所体现的关系网更具关联性，更有利于后期的客户资源拓展。

二、大数据的用户数据挖掘后的利用途径分析

（一）对用户进行精准化的定位

在 O2O 的发展模式之中，深度挖掘用户的相关数据信息，结合市场的运作需要，对用户人群实施精准的定位，选择最为适宜的、极具针对性的用户营销方案，而后应用数据加工、搜集及处理等方案，明确用户群体的消费水平和购买习惯，逐步总结用户的消费行为，并以此为基础，对用户的实际消费能力进行推断，这样可以结合用户的购买水平，制定出最具针对性的营销方案，间接地降低了商家的运营成本。运用数据挖掘的方式，可以对用户的价值进行分析，基于最终的成本控制情况，对营销策略进行改变，最终极大地提高商家的经济收益。

（二）对网络平台的不断优化

在电子商务营销的过程中，网站平台的页面设置是极为重要的，分析网站上用户的访问情况，特别是用户最近浏览的平台抑或是用户登录、访问情况等内容，都会给网络平台提供参考。

电子商务网站可对用户下单习惯和访问情况进行分析，而后对这些数据进行深度挖掘，相应调整网站的内容和结构。例如，用户交易量和点击量高的产品，可以放置在显著位置以吸引用户，与此同时，还要将

用户的期望值和有关网页进行链接，这样就可以节省用户的时间，提高用户的下单率。

综上所述，在当前的大数据发展背景下，我国的科学技术发展水平在不断提高，电子商务在这一发展背景下实现了高速发展，特别是数据挖掘技术和云计算技术。O2O 电子商务发展理念也逐步转向以用户的满意度为上，所以，商家要想提高经济收益，就要通过数据挖掘，掌握用户对产品的应用需求，获取最为精准的数据信息，并以此为基础，借助大数据挖掘手段，促进我国电子商务事业的发展和进步。

第五节　大数据的电子商务活动页面设计模式

笔者通过对电子商务活动页面设计中存在的问题进行分析，并结合电子商务活动页面设计过程中的前期策划、页面设计和后期优化这三个阶段，利用大数据和用户心理特征，提出了用户画像的分析方法，总结了活动页面设计中涉及的产品选择、文案设计、页面框架设计和导航设计等方面的设计策略。

在互联网时代，大数据意识正在电子商务行业中普及，97.9%的电子商务企业认为大数据有利于电子商务行业的健康发展，但也有超过半数的被调查企业认为自身电子商务数据分析能力欠缺。电子商务数据显示，93%的消费者认为页面的视觉效果是影响他们做出购买决定的主要因素，42%的消费者会根据页面设计效果来对该产品进行判断，如果不喜欢页面的设计风格，有52%的消费者会放弃访问，之后也不会再继续访问。互联网时代的电子商务行业正朝着个性化的方向发展，故电子商务行业要改变以往商家做主、疯狂砸钱去做引流的广告设计的理念，重视用户体验，做到精准投放，为用户打造满意、舒心的购物环境。

一、活动页面设计现状分析

随着电子商务行业的迅速发展，大批设计师涌入电子商务行业，很多服务于店铺的电子商务设计师都是非专业的，他们常用的方法就是套用模板、拼素材。服务于平台的设计师虽然有一定的设计能力，但不懂用户心理，更不会运用大数据分析策略，因此，他们设计出的页面千篇一律，很容易让用户产生审美疲劳，也很难让商家脱颖而出，即便用户进入页面，也会由于体验不佳而失去购物兴趣，导致转化率降低。

据统计，现有的电子商务活动页面设计中主要存在以下几方面的问题：页面框架缺乏逻辑性和统一性，不重视页面的品质、腔调、气质，缺乏差异化设计，页面色彩搭配不合理，这些都降低了页面的档次；推广的产品缺乏重点，导航分类不清晰，页面操作体验感差；在文案设计上，文案多而乱，很难让用户在第一时间判断出产品的特点，这些现象在很大程度上影响了用户决策，最终影响了销量。

在电子商务蓬勃发展的背景下，低效的页面设计阻碍了电子商务行业在竞争中的成长，因此，提升用户体验成为了电子商务行业发展的关键。在大数据的基础上提出基于用户体验的电子商务页面设计策略具有非常广泛和重要的社会意义。

二、活动页面设计策略

电子商务大型活动页面设计的工作流程包括前期策划、页面设计和后期优化三个阶段。前期策划阶段主要围绕活动主题，根据产品的消费人群的特点进行分析，确定活动的利益点，收集产品相关素材，最后确定页面的整体风格等。电子商务页面设计师的设计决策要建立于数据之上，要学会利用数据来改善设计、取悦用户。比如页面设计的是否成功，主要看用户在活动页面停留时间的长短。还可以通过大数据查看店铺的流量和转化率，分析用户的满意度，这些数据都是做好活动页面设计的重要保障。

（一）构建用户画像、分析用户偏好

在前期策划阶段，首先要对产品的消费人群进行分析，如对客户访问时段分布、地域分布、特征分布、行为分布和访问对比进行分析，从而确定出目标人群。分析用户最好的办法就是建立用户画像，它是目前

产品设计中最重要的设计工具。依靠用户数据创建用户画像在大数据时代越来越受到重视。有了用户画像，才能给目标用户提供个性化的服务，进而有效地提升用户体验。

用户画像主要依赖于用户的动态数据，用户的动态数据就是用户的行为信息，如搜索、浏览、收藏、加入购物车、购买、使用优惠券、评论和退货等操作。这些用户行为是用户动态信息的唯一数据来源。

对于电子商务设计者来说，用户画像的目标是通过分析用户行为，确定用户的偏好，并用表格方式为每个用户的偏好打上标签、确定该标签的权重，如连衣裙 1.0、裤子 0.5 等。标签表示用户感兴趣或有需求的产品，权重表示了用户对该产品的偏好程度。通过大数据分析，可以更详细地刻画出用户画像，从而做到精准投放。

（二）产品和文案设计

通过大数据对同类店铺引流最高的店铺进行分析，判断哪些产品属于热卖产品，并借鉴产品的搜索关键词进行分析。比如连衣裙，可以根据大数据中的搜索人气、点击率、成交指数和转化率等数据，确定到底选择哪些关键词（如连衣裙长袖、连衣裙小清新、连衣裙新款、连衣裙女装等）。

电子商务界面的文案表达直接关系到页面的利益点，研究发现，互联网上 60%的文字信息用户是不会去阅读的，所以文案是否简单明了，直接影响着用户的决策时间。满屏的文字信息，霸王硬上弓式的信息传播方式，已经很难使用户产生共鸣了。因此，大数据时代的电子商务活动页面设计可以根据用户画像，结合用户的偏好，从用户的情感倾向出发，唤起和激起用户的情感需求，使用户产生情感共鸣。

比如一些大牌在展现高端产品时，可以选择使用独一无二、限量版或者 VIP 专享等文案，迎合用户追求与众不同的心理。

在父亲节、母亲节、教师节等节日可以利用人性的感恩心理，通过页面渲染来激发用户的购买欲望。电子商务设计师可以综合运用人性的善、恶特征文案，提高用户的接受程度，提升用户体验，从而增强用户购物的兴趣，使其增加对企业或产品的关注度。

（三）页面设计

电子商务页面作为电子商务的门面，最直观、最快捷地影响着电子商务的用户体验。电子商务设计师在页面设计时要改变用直觉指导设计的方式，利用大数据指导设计。

1.以用户体验为中心制定页面框架

一般来说，用户不会在一个页面上停留太久，所以要尽可能地让用户在短时间内扫描完整个页面，并且能明白页面的卖点。用户体验的整个开发流程，都是为了确保用户在浏览页面时有好的体验感，所以设计师要考虑用户所有可能采取的行为，根据这些行为习惯去规划页面框架。

在前期策划阶段，要确定页面的风格、色彩和框架结构，确定活动页面中的店招、导航、首页焦点图、促销专区、产品分类、新品和推荐等主要模块的位置，让页面尽可能符合用户视觉扫描的习惯，才能让用户在最短的时间内获取主要的信息。

常见的页面布局有几何形状分割布局、主体轮廓布局、流程图布局和整体场景布局等。使用简单的三角形、方形或圆形等几何形状对页面进行分割，这类构图方式对内容没有过多要求，是现在活动页面用得最多、最普遍的一种构图方式。

主体轮廓布局一般是利用一个跟主题元素相关的素材外轮廓作为页面的主体轮廓，如圣诞节主题的活动页面，可以使用圣诞树元素作为页面主体轮廓，将活动页面的内容巧妙地填充进去。主体不需要太具象，要舍弃一些烦琐的元素，以免影响用户阅读内容。这种处理方式能够让用户一眼就了解到活动信息，也增强了设计感。流程图布局的方式可以向用户直观地展示活动的各个节点及整体流向，使用户能简单明了地浏览。

整体场景布局一般使用插画方式制作场景，场景中可以搭配动画，给用户创造出浸入式的体验。在场景中，可以放置多个有代表性的产品，这种方式能带动用户情绪，不仅弱化了广告的意图，还能提高用户对产品的接受程度。不过需要注意的是，场景搭建对素材的要求比较高，明暗、阴影、透视、层次感及体积等都需要用心处理，还要注意场景不能抢了内容的视觉焦点，并且，要把干扰信息传达的元素尽可能地简化或删除，让产品和主要信息更加清晰、明确。

在页面设计越来越注重个性、趣味性及视觉感受力的今天，活动页面的构图千变万化，以上的页面布局方法可以搭配使用，但是要注意页面的统一性和逻辑性，还要注意视觉导向的作用。

电子商务页面色彩设计要符合活动主题和产品特性，同时兼顾用户画像中的色彩喜好，选用合适的主色调与活动主题相适应，以突出整个活动页面的氛围。页面中主要的颜色最好不要超过三种，可以选择产品颜色作为整体画面的主色调。价格和按钮可使用页面的主色调，抢购按钮可以使用幽灵按钮，鼠标移上去才变实心色块，避免太多重色扰乱页面核心产品图。

2.构建内容电子商务模块

在传统电子商务中，人们都是通过比价或者根据对各个页面的好感程度下单。现在越来越多的人在看直播或看帖子的过程中产生了购买行为，这就是内容电商。内容电商更多地是让消费者在欣赏内容的情况下接受商品，并产生购买行为。内容电商的核心是人为创造沉浸式、冲动式、隔离式和单独评估的消费场景，在这种场景下诱导消费者进行消费。

研究发现，96%的消费者认为视频更容易让他们做出购买决定。另外 93%的线上消费者表示，视频让比价、比货更方便。电子商务网站将产品图片换成视频之后，客户转化率提升了 12.62%，并且 58%的消费者认为，制作视频的电子商务企业更值得信赖。这些数据表明，在活动页面中加入视频会形成巨大优势。因此在不影响活动页面模块的情况下，可以考虑增加内容电商模块，如插入高清、高适配的视频或者直播等内容，塑造沉浸式场景。视频内容展示过程是单独评估的过程，购物入口在视频结束后显示，及时满足了人们的购买需求。

3.页面导航设计

导航能帮助用户明确当前所在的页面位置，并使他们快速返回之前的页面。导航是最能增强用户体验感的一个细节。导航在命名方式上最好采用两个字，短小精悍，排列整齐。页面中的每个产品都要有属于它的导航，在用词方面要尽量避免歧义，这样能减少用户在购物时产生的疑问，让用户在第一时间作出反应。

导航在设计上不应该抓住用户的注意力，而是要低调地扮演协助主导航的角色，使用户可以不受它的干扰继续购物。在导航的编排上，导航关键词要用加粗格式展现，使用户清楚如何进入自己的目标页面，从而增强导航的可用性。

（四）页面后期优化设计

在消费者越来越讲究用户体验、商家越来越看重差异化的时代，商家要重视与客户的感情培养，让客户产生信任感和依赖感，设计师要不断地从同行中汲取各种经验，进行页面的优化设计，以适应用户当下的需求。

页面上线之后，设计师要多看数据、多做总结，通过查看页面在不同日期的访问量，确定各个页面的“冷热度”，验证用户是否按照既定的店内路径进行浏览，从而判断是否需要调整访问路径。同时，设计师还要根据活动页面的转化率数据，分析每个页面细节中存在的不足，找出需要优化的地方，比如调整素材、产品位置等。优化后的页面会更具有人性化，用户会更加忠于这个店铺，同时对页面的瑕疵也会有更大的包容度。

未来，电子商务行业只有运用大数据技术和云计算技术才能让营销定位更精准，进而促进电子商务产业的转型升级。电子商务页面设计中前期策划、页面设计和后期优化阶段，应充分运用大数据的分析，增强文案、页面的设计效果，从而提高电子商务企业的品牌形象，给用户带来更佳的购物体验，激发用户的购买欲望，减少页面的跳失率，从而提高转化率，给电子商务企业带来巨大的经济效益。

第六章　信息时代背景下大数据与电子商务的应用研究

第一节　大数据视角下电子商务企业管理模式

在当前信息化的时代背景下，电子商务已经成为了一种非常重要的商业模式。电子商务企业应该结合当前新的外部环境特征，与时俱进地调整自身的经营管理模式，进而更好地提升自身的经营管理水平，最终才能在激烈的市场竞争中站稳脚跟。大数据技术作为当前信息化时代的重要技术，如何对其进行合理地应用，是电子商务企业应该重点关注的问题。本节就结合大数据技术，分析和探讨电子商务企业管理模式构建的一些思路。

一、大数据技术的基本分析

在当前时代，大数据技术成了热点技术。大数据是一种规模大到在获取、存储、管理、分析方面都超出了传统数据库软件工具能力范围的数据集合，具有海量的数据规模、快速的数据流转、多样的数据类型和较低的价值密度四大特征。应用大数据技术，能够实现对海量数据信息的有效管理，并从专业化的角度对相关数据进行处理，这对于相关产业的增值来说具有十分重要的意义和价值。大数据在应用于海量数据的挖掘和分析的过程中，能够满足特定行业的一些数据在分析和利用方面的需求。

二、大数据视角下电子商务企业管理所面临的机遇和挑战

相较于传统企业来说，电子商务更加依赖信息网络技术方面的应用，同时相关的管理模式也具有更强的现代化特点，这是符合电子商务产业特征的。而在大数据背景下，企业本身的发展路径和战略也应该随之进行一定的调整。从大数据的角度来说，电子商务企业对于数据信息获取的需求是不断提升的，大数据技术的应用可以让企业数据信息的获取精度得到提升。同时，大数据技术结合具体的在信息数据方面的获取需求，能够给予电子商务企业定制化的服务，这就能够让电子商务企业更好地、更精准地获取供应商、消费者等在信息方面的需求，并结合其相关数据为企业的发展提供恰当的决策。在当前市场竞争不断加剧的环境下，电子商务企业本身在发展的过程中，也需要依赖大数据技术来拓展自身的

业务，通过整合当前现有的数据资源，实现对自身管理需求的全方位提升。另外，在应用大数据技术时，电子商务企业如何合理、合法地进行数据的收集，并且做好对用户隐私的有效保障，是企业所面临的重大挑战。

三、借助大数据技术开展电子商务企业管理工作的必要性

大数据技术为电子商务产业的蓬勃发展提供了重要的动力来源。对大数据技术的合理应用成为了电子商务企业迎合时代发展的重要契机。在电子商务企业管理工作开展的过程中，我们要积极适应互联网的新环境，对自身的各方面管理工作做出相应的调整和改进。

在财务管理工作中，大数据技术的应用能够让企业财务方面管理工作的开展水平得到提升。财务管理是决定企业自身实际利益的重要经营管理工作，企业要适时调整自身的财务管理模式。财务管理工作关系到企业自身的长期发展和各项战略的执行，这就需要保证企业自身管理的理念与时俱进。应用大数据技术，企业自身财务管理工作的开展可以获得更加全面、精准的财务信息方面的支持，这就为财务管理工作水平的提升给予了有效的空间。

在进行市场管理的过程中，电子商务企业本身可以结合大数据技术，对当前消费者的消费需求、习惯、数据等进行获取。结合不同消费者的

画像，电子商务企业可以采取更有针对性的营销策略，这样可以更好地实现对消费者自身消费行为的有效刺激。在当前市场竞争日趋激烈的环境下，电子商务企业需要确保自身具备足够的市场营销能力，能够真正地为消费者提供有针对性的信息推送服务。在大数据技术的应用环境下，电子商务企业为消费者提供了个性化的服务，这对于提升市场服务的水平来说是很有必要的。企业通过对大数据技术应用的分析，可以有效掌握消费者的实际消费行为，更好地为消费者提供量身定制的信息，促使消费者获得更好的消费体验，能够有效提升消费者对企业的黏性。这不仅是企业提高消费者忠诚度的必要举措，还能够在一定程度上促使企业自身价值的全方位提升。

在采购管理工作开展过程中，企业采购部门也能够通过对大数据技术的应用，在采购行为和策略的设计调整上进行相应的改进和优化。电子商务企业通过对大数据技术的应用，可以掌握更多、更丰富的采购信息，进而对供应商的情况进行更好地衡量和掌握。另外，在企业采购方面的工作中，让采购管理工作更好地符合企业发展的需求是非常关键的。大数据技术的应用可以帮助管理者更好地掌握市场的发展趋势，从而科学地制订采购管理工作的计划和策略，以减少损失，提升效益。

四、大数据视角下电子商务企业管理工作的思路

第一，重视企业间的合作。在大数据时代，电子商务企业面临着更加严峻的竞争形势，我们应该重视企业和企业之间的合作，这样才能提升企业自身的能力，同时有效优化企业自身的发展路径。电子商务企业应该积极开拓市场，与同行企业进行充分合作，这样企业才能更好地提升行业影响力，同时满足自身行业资源共享和获取方面的需求。这种有效的合作，能够促使中小电子商务企业提升市场经营管理的水平，同时提升对市场风险的抵御能力。电子商务企业也能依赖于这种互利互惠的环境，实现多方面的合作与共赢。在现阶段，合理的合作也能够帮助企业控制营销成本，并帮助企业提升客户群的数量。

第二，做好大数据技术的应用工作。电子商务企业要想应用大数据技术提升自身的发展水平，就必须要对大数据技术进行不断探究，掌握和适应当前大数据时代的特点，并依据自身的实际情况，制订相应的经营发展策略。企业应该利用大数据技术，合理制订企业的发展战略计划。通过分析相关大数据技术挖掘过程中获取到的信息和内容，企业本身可以更好地结合其情况做好对自身发展战略的改进。另外，大数据技术的应用也有助于促使企业形成更强的市场预测能力。在企业自身发展的过程中，良好的预测能力也有助于企业经营发展策略的完善，使企业本身能够在复杂多变的外界竞争环境中更好地发挥自身的竞争优势。

第三，提升队伍的整体素质和水平。大数据时代，电子商务企业对其自身的经营管理的专业性要求较高，同时也需要人才掌握大数据技术的应用理论，增强实践能力。在实际工作的开展过程中，企业应该积极组织、开展相关队伍建设工作，让电子商务企业的工作人员正确认识大数据技术应用带来的优势，并且使其结合本岗位工作业务的特点，全面掌握信息技术。在具体人才队伍的建设中，企业也应积极做好队伍结构的优化，利用有效的人才管理机制，吸引更多的优秀人才，以提升整体电子商务队伍的综合素质和业务水平。

第四，营销管理的改进。对于电子商务企业来说，营销管理是其经营管理工作当中的重要环节。在当前大数据背景下，企业营销管理工作开展要基于对大数据技术的充分利用，构建具有差异性和多样性的营销策略，这样才能更好地适应当前的市场新形势。在营销管理工作中应用大数据技术，企业可以更加准确地了解当前的市场需求，结合用户的实际情况，制定多元化的营销策略，以实现对不同类型客户的有效兼顾，进而有效提升企业的营销水平。在现实生活中，客户本身的实际需求也是不同的。在具体的营销管理上，企业可以依托大数据技术，实现对客户需求发展变化的预测分析，同时制定出具有前瞻性的营销改进策略。实际营销管理工作应该结合大数据技术的应用特点，相应地调整营销工作决策和方案的制定，为大数据技术的应用提供一个良好的环境。

第五，预算管理的改进。预算管理也是电子商务企业的一个重要的管理内容，提升预算管理水平能够让电子商务企业在资金管理和决策制定的过程中获得一个良好的数据支持。企业财务数据质量的提高能够更好地满足高级的决策管理的需求，并且进一步提升企业的财务管理效能。结合当前大数据技术的应用特点，企业应该重视财务共享中心的构建，实现预算管理和信息化管理的有效融合。发挥大数据技术的应用价值，实现企业财务数据的有效共享，能让企业内部财务信息数据的价值得到更好的体现，最终实现成本中心到利润中心的转化。在企业财务预算工作执行和开展的过程中，大数据技术的应用可以说是一个非常重要的助力，应受到电子商务企业更多的重视。

总而言之，在当前新的发展形势下，电子商务企业经营管理工作的开展面临着很多新的要求和挑战。我们应该围绕大数据技术应用的相关需求和特点，改进和优化电子商务企业管理的模式，更好地促使电子商务企业自身管理水平的提升，使电子商务企业具备更强的市场竞争能力和适应能力。

第二节　大数据时代下的农产品电子商务模式

农产品电子商务主要是利用信息技术、网络电子技术作为重要载体进而实现农产品的电子交易。我国农产品极为丰富，为了促使农产品销量得到进一步提升，同时也为了促使农业能够得到进一步发展，我们应当大力发展农产品电子商务模式。我国政府一直致力于农村经济建设及发展，目前我国大部分农产品生产模式是农场或者家庭生产，这样就会导致在农产品生产或者加工过程中很多资金被严重浪费，经济效益偏低，因此，我们应当通过发展农产品电子商务模式来促使农产品实现健康稳定及高效发展。本节主要对大数据时代下的农产品电子商务创新模式进行了研究，以供相关专业人士参考和借鉴。

目前我国的农产品电子商务模式发展比较慢，同时受到诸多因素的干扰，和国外发达国家的农产品电子商务模式之间依然存在差距。我国的农产品电子商务模式和国外发达国家的农产品电子商务模式有差距的主要原因是，我国的农产品生产往往以个人生产为主，国外大都以规模化或集体化生产为主。为了有效地缩小我国农产品电子商务模式和国外发达国家农产品电子商务模式之间的差距，我国需结合实际的情况对农产品电子商务发展模式进行改革和创新，只有这样，才能够促使我国的农业经济实现健康、稳定及跨越式发展。目前，我国农产品电子商务模式主要有 P2B2C 模式、垂直型 B2B 模式、P2G2B 模式等。

一、农产品电子商务 P2B2C 模式

农产品电子商务应当大力发展 P2B2C 模式。P 是指个体农民，B 是指企业，C 是指消费者。在这一模式之下，企业可以在一个特定地区设置分公司，然后构建信息收集队伍，快速、准确地收集当地的农产品信息，同时也可以在相关地点发布农产品信息。

企业在收集信息资料的过程中要进一步加强和用户（农户）的交流和沟通，同时也要给农户提供良好的服务和帮助，如帮助农户实现智能化交易、帮助农户建立农家乐等连锁经营项目，这样就可以促使农业经济得到进一步发展，可以促进农产品电子商务价值得到充分挖掘。例如，北京某个地区的科技服务公司就为农产品设置了相关服务，对于消费人群进行合理定位，使农户家的产品可以直接被送到消费者手中，实现了互联网平台信息的快速共享，在某种程度上使农民的收入得到了提升，进而实现了农村经济健康、稳定、可持续发展。

二、农产品电子商务垂直型 B2B 模式

农产品电子商务应当逐步地发展垂直型 B2B 模式。农产品电子商

务垂直型 B2B 模式就是利用常见的农产品交易平台完成商务交易。目前我国很多企业都具备规模优势和品牌优势，企业可以通过农产品交易平台充分了解市场最新信息，同时也可以实现网络化的销售和采购。另外，若是农产品本身规模比较大，则可以通过拍卖或者是招、投标等方式实现农产品的交易，采用这种交易模式需要有相对完善的运转中心，包括定价部门、结算部门、交易部门、资源配置部门及信息部门等。举个比较典型的例子，某个电子商务平台发起活动，结合各地特色将各个地区的农产品汇集到某一专有平台上实现农产品的交易，这样可以扩大农产品的交易规模。

三、农产品电子商务 P2G2B 模式

在农产品电子商务发展过程中，要逐步地形成相对成熟和完善的 P2G2B 模式。P2G2B 模式将农户的需求放在首位，由政府构建人才招聘网站或者是在网站上发布各种各样的农产品信息。这一模式通过政府的力量对农产品电子商务的发展方向进行引导，同时政府还会给予一定的人才、资金和技术等方面的扶持，可以进一步完善农产品电子商务的发展，帮助农户有效解决发展电子商务过程中的问题。农产品电子商务 P2G2B 模式利用网络信息技术构建服务单位，同时加强对农民电子商务相关知识和技术的培训，使农民可以深入了解大数据的重要作用。另外，

在政府的引导和扶持下，这一模式可以促进农产品电子商务交易更快速、有效，还可以对农产品的结构配置进行优化，从而促使农产品实现产业化发展。

综上所述，当前大数据技术对传统的经济模式造成了严重的冲击，为了适应时代发展潮流和趋势，相关工作人员需要对大数据技术进行深入研究和了解。使用农产品电子商务模式，能够促使农业得到一定的发展，并且可以促使农村经济得到发展，这不仅有利于提高农产品的竞争力，同时还有助于农产品的集约化与品牌化发展，进一步缩小城乡之间的差距。

第三节　大数据时代下的电子商务茶叶物流配送模式

在电子商务环境下，茶叶产品的物流配送过程会产生大量的数据，对这些数据进行收集、整合和分析，能够提升数据价值，并为物流配送模式的选择及创新提供重要的依据，从而实现茶叶物流配送成本的降低与物流配送效率的提升。本节在研究大数据对电子商务茶叶物流配送的应用价值的基础上，对大数据的电子商务茶叶物流配送模式进行了研究与探讨。

在大数据时代，社会各个领域中的数据都呈现出了爆炸性增长的趋势，茶叶物流配送行业也是如此。面对数据爆炸为茶叶物流配送带来的机遇与挑战，电子商务茶叶物流配送工作必然面临大量数据，并有必要从这些数据中挖掘出具有价值的信息，使其对茶叶物流配送成本的降低与效率的提升发挥积极作用。在此过程中，认识大数据对电子商务茶叶物流配送的价值，并在大数据背景下选择合理的电子商务茶叶物流配送模式，就成了电子商务茶叶物流配送工作的关键。

一、大数据在电子商务茶叶物流配送中的应用价值

在大数据时代，快速增长的数据正在向社会各个领域渗透，并成为当今社会中不容忽视的生产要素之一。企业对数据的挖掘、整理与运用，能够有效提升自身的生产效率。但是在数据快速增长的今天，许多企业仍旧对数据爆炸所带来的影响缺乏认知，随着时间的推移，大数据在社会企业中发展的重要性必将日益凸显。对于电子商务茶叶企业而言，应当将大数据当作茶叶物流配送发展中的战略资源，并在强化认知、加大投入的基础上，充分发挥大数据在电子商务茶叶物流配送中的优势，从而在电子商务茶叶物流配送模式选择、战略规划等方面做出更加合理的

决策。大数据在电子商务茶叶物流配送中的应用价值，主要体现在以下几个方面。

（一）推动电子商务茶叶物流配送中的信息对接

在大数据时代，电子商务得到了快速的发展，以淘宝、阿里巴巴等为代表的商务平台更是为茶叶产品的销售提供了有力的支撑。当然，许多企业也在电子商务环境下针对自身产品构建起了专门的电子商务网站，从而推动了自身销售业务的不断发展。在此背景下，电子商务茶叶物流各个环节都产生着海量的数据，如果仍旧利用传统的信息收集方式和信息处理方式，电子商务茶叶物流工作将难堪重负。如果利用大数据对电子商务茶叶物流中产生的所有信息进行对接，则能够推动电子商务茶叶物流更好地满足客户的需求。具体而言，在电子商务茶叶物流配送过程中，需要全面地收集和整合每个环节所产生的数据，并在数据中心对这些数据做出处理与分析，从而推动这些数据转化为对电子商务茶叶物流配送有价值的信息。

（二）为电子商务产业物流配送决策提供依据

在传统的物流配送工作中，物流配送决策的依据往往是决策者的个人经验或者市场调查结果。在大数据时代，丰富且具有真实性的数据具有更高的科学性，这些数据能够反映消费者的真实需求和潜在需求。通过对大数据的利用，电子商务茶叶物流配送工作者可以对市场信息、市场数据作出分析与处理，了解物流培训工作的开展现状与发展方向，并相对准确地得出哪种物流配送模式能够获取更多的利润并缓解电子商务环境下茶叶物流配送工作面临的压力，从而选择最优化的物流配送模式来为企业带来最高的利润。另外，通过对大数据反馈信息的实时收集，企业还能够对茶叶物流配送工作作出及时调整，从而确保茶叶物流配送模式适应多变的电子商务环境。

（三）提高电子商务茶叶客户的忠诚度

随着电子商务的发展，网络购物已经成为人们的生活习惯之一。在网络购物的过程中，客户希望获得更好的消费体验，其中，良好的物流配送是这些消费体验的重要组成部分。因此，许多电子商务企业都在以提升客户忠诚度为出发点不断提升自身的物流配送水平，但是在传统的物流配送模式中，物流配送的可提升空间十分有限。因此，茶叶物流配送工作有必要围绕客户数据进行数据挖掘与运用，只有如此，茶叶物流配送工作才能够有针对性地满足客户对物流配送服务的需求，也才能够有效巩固企业和客户之间的关系，从而不断增强企业与客户之间的黏性，进而有效避免客户流失。

（四）增强物流配送数据的价值

在电子商务茶叶物流配送工作中，物流配送的每个环节都会产生大量的数据，但是在传统的物流配送模式中，这些数据中的大部分都难以得到有效利用，而要体现出这些数据的价值，就必须推动非结构化的数据向结构化的数据转变。但是，如果在物流配送工作中开展数据的转换，将使数据产生滞后性，企业便难以及时掌握并优化物流配送工作，因此，在传统的茶叶物流配送中，出现了数据不准确甚至是无效的问题。鉴于此，企业在开展茶叶物流配送工作的过程中，有必要构建专门的数据中心，并及时分析、处理数据，以实现物流配送数据价值的提升。

二、大数据下的电子商务茶叶物流配送模式

（一）物流超市模式

在大数据时代，茶叶物流配送工作能够对低效率、零散化与粗放型的物流数据做出整合，并依据地理信息等因素来对物流配送活动开展统一的监管与协调。在此基础上，物流超市的概念得到了发展与运用，这一概念借鉴了量贩理念与超市经营模式。在具体经营中，物流超市在客服、单据、货源等方面有着统一化的特点，并能提供包装、分拣、仓储、配送、信息查询等多样化的服务。在此过程中，基于大数据技术构建的物流信息系统发挥着关键性的作用，这一系统能够高效率地处理物流信息，并对信息开展整合、统计与分析。例如依托大数据技术，物流超市可以根据消费者的点击、收藏及购物车来分析消费者对产品、物流的潜在需求，并分析消费者的心理价位等。另外，物流超市模式摒弃了传统

物流配送中企业对物流信息进行独立运作的形式，通过大数据技术来获取物流企业名称、车队情况、行程轨迹、配送周期等情况，并对这些数据进行优化处理以得出最好的物流配送路线。同时，在同一个物流业务平台中，不同的物流配送主体都可以根据自身的权限完成相应操作，并可以针对一种业务开展分工合作，从而确保物流的配送效率。在此基础上，物流配送工作可以突破时间、空间的限制，并可以通过跨区域、跨业务的合作来确保用户需求得到满足，避免物流配送盲点的产生。

在这方面，我国第一家物流超市——景鸿店做得很好，其以近300家的分店为消费者提供便捷的物流配送服务，能够在很大程度上推动物流成本的降低。物流企业在加入物流超市之后，将不用在物流中间商环节付出成本，这对于提高物流配送企业的盈利能力具有重要意义。同时，物流企业在开展物流配送业务的过程中，除了核心业务，其他业务都可以以外包方式交给物流客户处理，如订单处理、产品整合等，这能够进一步降低物流配送工作的用工成本与管理费用。由此可见，如果从推动跨行业整合及降低物流配送成本等方面考虑电子商务茶叶物流配送工作，物流超市将是一个良好的选择。

（二）茶叶销售与茶叶物流配送一体化模式

在电子商务行业快速发展的背景下，物流配送资源难以与社会大众的网络销售水平相适应，这导致了许多网络商品难以及时送到消费者手中，或者使消费者难以享受到上门调试与安装等物流服务。从当前的茶叶电子商务发展来看，物流配送甚至成为了消费者减少网上购物次数的主要原因。因此，在利用大数据的基础上，实现茶叶销售与茶叶物流配送一体化发展，具有重要的研究价值。茶叶销售与茶叶物流配送一体化模式，即将线下所产生的物流配送信息和线上所产生的茶叶销售信息进行整合与优化，通过二者的协同来确保茶叶物流配送工作中的所有服务都能一站式完成，从而消除物流盲区并突破茶叶电子商务发展的瓶颈。当前，我国在产品销售与产品物流配送一体化模式中已经取得了一些成效，这为大数据的电子商务茶叶物流配送发展提供了有力借鉴。

以阿里巴巴创建的菜鸟网络平台为代表的物流配送模式，是电子商务运营主体自主建设产品销售与产品物流一体化的模式。这种物流配送模式构建起了线上与线下协同合作的立体式结构网络，以这种云端平台为依托，能够让产品物流配送体现出高效率与数据化的特征。具体而言，在消费者选定产品后，产品经营者、物流单位、配送单位等的动态信息都能够可视化地呈现在消费者的终端上，通过终端，消费者能够了解物流配送动态并对物流配送达到的时间进行预测。京东和余慈物流之间开展合作的物流配送模式，是电子商务运营主体与物流企业共建商务产品销售与产品物流一体化的模式。在这种模式中，二者的强强联合能够实现优势互补，从而实现二者的协同发展与协同扩张。具体而言，物流企业需要为电子商务企业提供物流配送模式，而电子商务企业则需要为物流企业开放产品采购数据端口，这样，物流企业就能够获得产品报价、数量、订单等多种信息，并以这些数据为依据开展产品配送。

由此可见，在大数据环境中，茶叶产品销售与茶叶产品物流的一体化发展，是电子商务茶叶物流配送实行大数据战略与实现互联网转型的关键。在这种模式中，茶叶电子商务与茶叶物流能够实现优势互补，并将更多的时间、精力放在产品开发与市场开发方面。

在大数据时代，数据对电子商务茶叶物流配送的价值体现在推动电子商务茶叶物流配送中的信息对接方面，以及为电子商务产业物流配送决策提供依据、提高电子商务茶叶客户的忠诚度、增强物流配送数据价值等多个层面。同时，依托大数据技术，电子商务茶叶物流配送还可以利用物流超市、茶叶销售与茶叶物流配送一体化等模式，来实现茶叶物流配送成本的降低与效率的提升。因此，电子商务茶叶物流配送主体有必要不断提升自身的数据搜索能力与分析能力，从而有效推动自身物流配送工作的开展。

参考文献

[1] 楮福灵．管理通论[M]．北京：经济科学出版社，2004.

[2] 姜红波．电子商务概论[M]．北京：清华大学出版社，2009.

[3] 王学东．企业电子商务管理[M]．北京：高等教育出版社，2002.

[4] 吴清烈．电子商务管理[M]．北京：机械工业出版社，2009.

[5] 李海刚．电子商务管理[M]．上海：上海交通大学出版社，2009.

[6] 埃弗雷姆·特伯恩，戴维·金，杰·李，等．电子商务——管理新视角[M]．王理平，张晓峰译．北京：电子工业出版社，2003.

[7] 埃弗雷姆·特班，戴维·金，朱迪·麦凯，等．电子商务管理视角[M]．严建援，等译．北京：机械工业出版社，2007.

[8] 周三多．管理学[M]．3版.北京：高等教育出版社，2010.

[9] 娄策群．信息管理学基础[M]．北京：科学出版社，2009.

[10] 赵守香，姜同强，王雯．企业信息化[M]．北京：清华大学出版社，2008.

[11] 黄敏学．企业电子商务[M]．武汉：武汉大学出版社，2001.

[12] 章学拯．电子商务[M]．上海：上海人民出版社，2001.

[13] 甘早斌．电子商务概论[M]．武汉：华中科技大学出版社，2001.